中宣部2021年主题出版重点出版物

中共贵州省委宣传部2022年度重点主题出版项目

2021年度贵州省出版传媒事业发展专项资金资助

讲给孩子的百年党史故事——从石库门到天安门

伟大转折·遵义

史全伟　包晓峰　查杰慧　主编

贵州出版集团　贵州人民出版社

图书在版编目（CIP）数据
伟大转折 ： 遵义 / 史全伟， 包晓峰， 查杰慧主编．
贵阳 ： 贵州人民出版社， 2024． 10（2025.3 重印）．
--（讲给孩子的百年党史故事 ： 从石库门到天安门）．
-- ISBN 978-7-221-18426-9
Ⅰ． D231-49
中国国家版本馆 CIP 数据核字第 20241NM773 号

讲给孩子的百年党史故事——从石库门到天安门
JIANG GEI HAIZI DE BAINIAN DANGSHI GUSHI CONG SHIKUMEN DAO TIAN'ANMEN

伟大转折·遵义
WEIDA ZHUANZHE ZUNYI

史全伟　包晓峰　查杰慧　主编

出 版 人　朱文迅
出版统筹　田　军　戴　俊
策划编辑　田　军　丁林枫　王　娜　缪月秋
责任编辑　李　康　张　薇
封面插画　田东明
内文插画　张　晗　陈　晶
插图处理　管　旭
封面设计　曾　念
版式设计　王旭熠

出版发行　贵州出版集团　贵州人民出版社
地　　址　贵阳市观山湖区会展东路 SOHO 办公区 A 座
印　　刷　天津睿和印艺科技有限公司
版　　次　2024年10月第1版
印　　次　2025年3月第3次印刷
开　　本　787毫米×1300毫米　1/32
印　　张　4.25
字　　数　88千字
书　　号　ISBN 978-7-221-18426-9
定　　价　23.00元

从石库门
到天安门

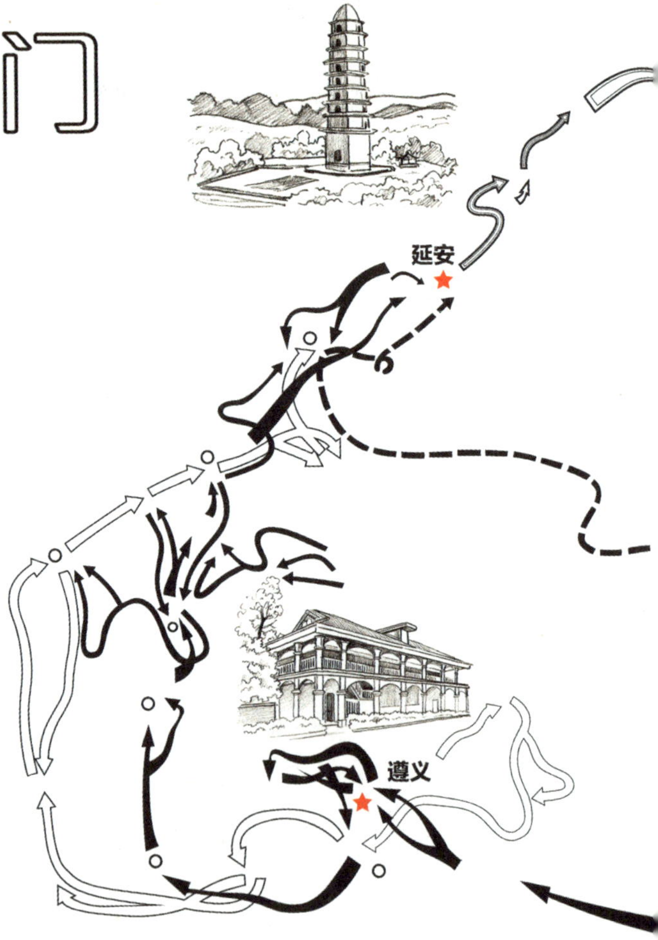

地标路线图

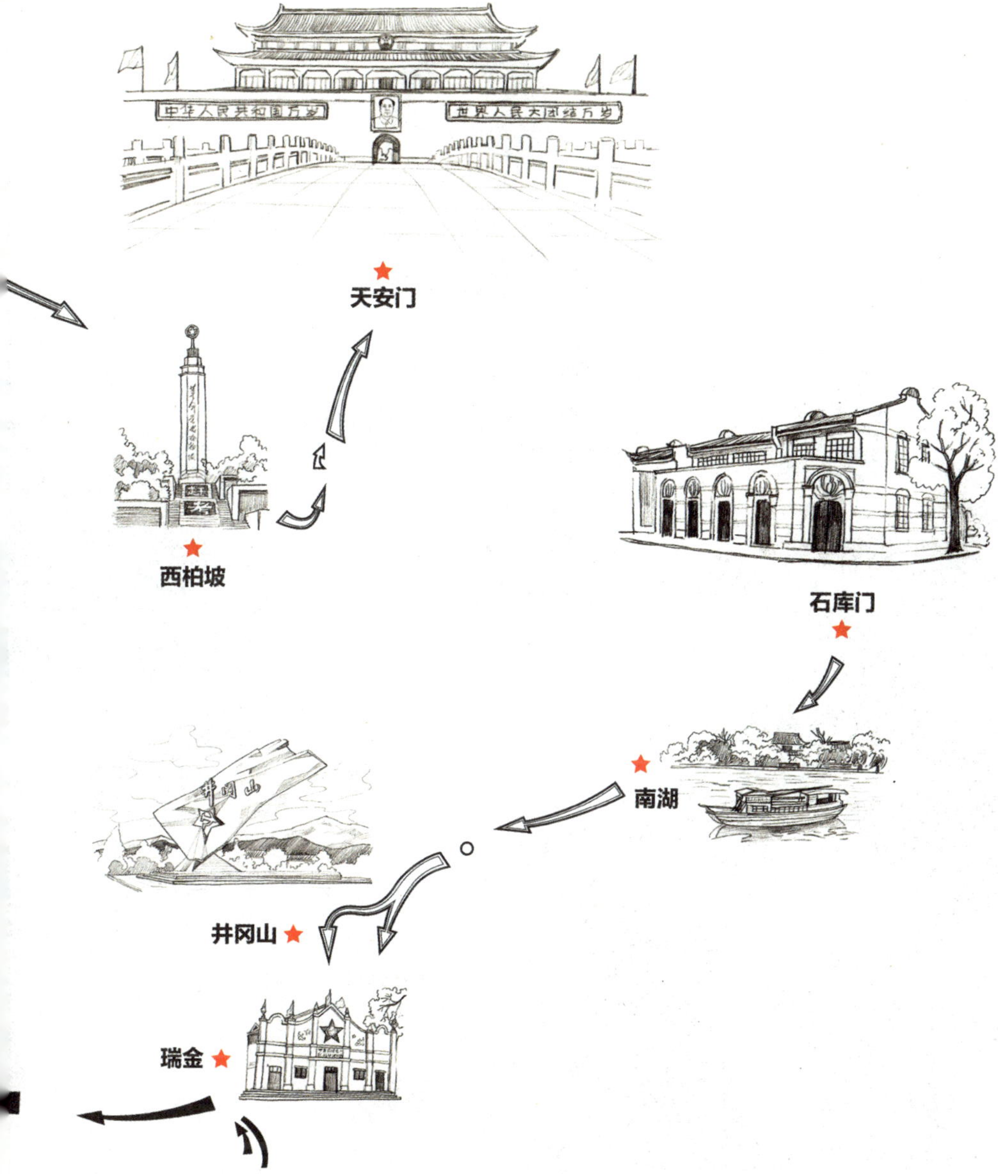
中华人民共和国万岁
世界人民大团结万岁
天安门
西柏坡
石库门
南湖
井冈山
瑞金

总序

什么是历史？哲学上的表达，或许可归结为，在时间和空间的交会处，碰撞出来的“火花”。火花的绵延，便构成一个民族、一个国家、一个政党的“命运长剧”。

时间是“经”，空间是“纬”，所以有“历史经纬”这样的说法。“经度”和“纬度”的交会处，就是人们说的“地理坐标”。

于是，在中国共产党成立一百周年的时候，讲述它筚路蓝缕、风雨兼程的历史，人们会自然地从 1921 年的上海石库门和浙江嘉兴南湖的那艘“红船”说起，一个是中国共产党的“产房”，一个是中国共产党的“母亲船”。

接下来，便是这艘“红船”出发后，在不同时间、不同地点交会碰撞后，沿途留下的耀眼火花。把它们串起来，则是中国共产党一路走来的耀眼“航标”——1927 年至 1928 年的江西井冈山，1931

年至 1934 年的江西瑞金，1935 年的贵州遵义，1935 年至 1948 年的陕西延安，1948 年至 1949 年的河北西柏坡，最后，就是 1949 年的北京天安门。

中国共产党在革命年代留下的历史航标，当然不只上面说到的七个，还有很多。但基本上可以说，“从石库门到天安门”，是中国共产党领导人民夺取新民主主义革命胜利的波澜壮阔的“主航道”。

贵州人民出版社选取这七个历史航标，以图文并茂的形式，给青少年们讲述党的历史，便于清晰而直观地展示中国共产党一路走来的“历史经纬”，是值得称道的。当然，这套书的叙事图文，也没有拘泥于这七个地点，而是把视野放得更开，便于读者更好地辨认航标照亮和辐射的历史宽度和厚度。

读这套书，不光是简单地了解历史本身，还希望能够传承和弘扬党的精神，感受它沿途留下来的航标是什么颜色。

它们是什么颜色？说一个数字。目前的统计，有名有姓的烈士，有 370 多万。在前行途中倒下而没有留下姓名的烈士，几倍于此。就算是 370 多万，在中华人民共和国成立前的 28 年间，平均每天为党和人民的事业牺牲多少人？答案是 370 人！而且是连续 28 年如此。

世界上哪有这样的政党？哪有这样的事业？仅此一点，我们就知道，什么是党的精神！航标是什么颜色！

它是红色的。

是为序。

原中央文献研究室副主任：

分序

中央红军开始长征后，推行“左”倾错误方针的中共中央领导人又犯了退却中的逃跑主义错误，把战略转移变成了大搬家式的行动，带着笨重的辎重，行动迟缓，对于行军打仗极为不利。

中央红军的战略转移原定到湘鄂川黔边与贺龙、任弼时等人领导的红二、红六军团会合。国民党当局在红军西进的道路上布置了四道封锁线。1934 年 11 月下旬，在红军到达广西境内想突破第四道封锁线湘江时，遭到国民党湘军和桂军的夹击，红军以饥饿疲惫之师，苦战五昼夜，终于突破敌军设防的第四道防线，但是红军付出了极为惨重的代价。红军由长征出发时的 8 万多人锐减到 3 万多人。

这时，国民党当局已判断中央红军将去湘西与红二、红六军团会合，于是在去湘西的路线上构筑了碉堡线，集结重兵，企图把中央红军一网打尽。中央“左”倾错误领导人无视敌情，仍然坚持按照原定计划前进。这使红军又处在一个非常危急的时刻。如果不改变原定的前进方向，红军就有全军覆灭的危险。在这危急关头，毛泽东建议中央红军放弃北上同红二、红六军团会合的原定计划，立即转向西，到敌军力量比较薄弱的贵州去开辟新的根据地。12 月 12 日，中共中央负责人在湖南通道举行会议，多数与会者支持毛泽东的意见，但博古、李德仍坚持去湘西。18 日，中共中央政治局在贵州黎平举行会议，经过激烈争论，通过了《中共中央政治局关于战略方针之决定》，决定改向贵州北部进军，1935 年 1 月 7 日，红军攻克黔北重镇遵义。

在残酷的事实面前，党和红军内部对错误领导的怀疑、不满和要求改换领导的情绪迅速增长。一些曾支持“左”倾错误的领导人，也逐步改变了态度。

1 月 15 日至 17 日，中共中央在遵义召开政治局扩大会议，会议全力解决当时具有决定意义的军事和组织问题。张闻天、毛泽东、王稼祥尖锐地批评了博古、李德在第五次反“围剿”中实行单纯防御、在战略转移中实行逃跑主义的错误。他们的意见得到多数与会者的支持。会议增选毛泽东为中共中央政治局常委。会后不久，中共中央政治局常委决定张闻天代替博古任党中央的总负责人。3 月中旬，成立由周恩来、毛泽东、王稼祥组成的“三人团”，负责全军的军事行动。

中央政治局在长征途中举行遵义会议，事实上确立了毛泽东同志在党中央和红军的领导地位，开始确立以毛泽东同志为主要代表的马克思主义正确路线在党中央的领导地位，开始形成以毛泽东同志为核心的党的第一代中央领导集体，开启了党独立自主解决中国革命实际问题新阶段，在最危急关头挽救了党、挽救了红军、挽救了中国革命，并且在这以后使党能够战胜张国焘的分裂主义，胜利完成长征，打开中国革命新局面。这在党的历史上是一个生死攸关的转折点。

遵义会议后，中央红军在毛泽东同志的正确指挥下，根据实际情况的变化，灵活地变换作战方向，迂回曲折地穿插于敌人重兵之间，使敌军疲于奔命。从 1 月末到 3 月下旬，红军四渡赤水河，随即南渡乌江，佯攻贵阳，分兵黔东，诱出滇军来援。滇军一被调出，红军立刻奔袭云南，兵锋直逼昆明。红军在昆明附近虚晃一枪，突然掉头北上，于 5 月上旬渡过金沙江。至此，中央红军摆脱了几十万国民党军队的围追堵截，粉碎了蒋介石围歼红军于川黔滇边境的计划，取得了战略转移中具有决定意义的胜利。毛泽东当时就以激越的情怀和豪迈的气魄写下了《忆秦娥·娄山关》：“雄关漫道真如铁，而今迈步从头越。从头越，苍山如海，残阳如血。”

红军渡过金沙江后，继续北上。经过大凉山彝族地区时，红军总参谋长刘伯承同彝族果基部落首领小叶丹歃血为盟，实现了民族团结，使红军顺利通过了这个地区。

1935 年 5 月下旬，红军强渡大渡河，飞夺泸定桥，接着又翻越了长征途中第一座人迹罕至的大雪山夹金山。6 月中旬与红四方面军在小金的达维镇会师。8 月下旬，红军开始过草地，大草地荒无人烟，到处是沼泽和淤泥潭，稍有不慎，就可能被泥潭吞没。经过 6 天 6 夜的跋涉，红军才走出草地。9 月 17 日，中央红军突破天险腊子口，第二天到达哈达铺。在这里，红军从报纸上得知陕北有红十五军团在活动，并建立了一块根据地，中央红军遂决定前往陕北。10 月 19 日，中央红军到达陕北吴起镇与陕北红军会师。至此，中央红军主力行程二万五千里、纵横 11 个省的长征胜利结束。

中共浙江省委党史和文献研究室二级巡视员：毛晓峰

目录

敲黑板，画重点

1934年11月中旬，中央红军突破国民党军第三道封锁线后，由湖南南部向广西北部前进。蒋介石察觉到中央红军的战略意图是要北上湘西与红二、红六军团会合，于是匆忙任命何键为“追剿”军总司令，紧急调拨中央军和广西、广东、湖南的地方军共25个师数十万大军，企图在湘江以东地区彻底消灭红军。11月27日至12月1日，中央红军与国民党军苦战五昼夜，最终从全州、兴安之间强渡湘江，突破了国民党军的第四道封锁线，粉碎了蒋介石的企图。

湘江战役是一场让中央红军浴火重生、具有特殊意义的战斗。

湘江战役

1934年10月，红军在经历了第五次反“围剿”失败后，为了摆脱国民党军队的追击，被迫开始长征。

中央红军准备从瑞金前往湘西，和红二、红六军团会合。虽然这一路上有国民党军队的四道封锁线，但红军一开始还算顺利，只用了一个月时间就突破了前三道封锁线。

1934 年 11 月中旬，蒋介石确定红军要渡过湘江，立刻命令薛岳在湘江沿岸布置了三十万大军，妄图把红军完全消灭。为了突破国民党的封锁线，中共中央在 11 月 25 日下达了抢渡湘江的命令。

负责抢渡的是红一、红三军团，接到命令后，林彪和彭德怀立刻率队出击。和往常的突袭一样，国民党守军一触即溃，红军迅速渡过湘江，控制了沿岸的一大片区域，并开始在渡河点架设浮桥，等待大部队通过。

对于这一切，薛岳看在眼里，乐在心里。现在红军固守渡河点，就仿佛煮熟的鸭子一样，插翅难飞。薛岳连忙通知各军："是时候掐灭共军的最后一丝希望了！"

11 月 28 日，国民党军队开始向红军阵地狂轰滥炸，并发动了总攻。红军为了保卫渡河点，只能正面迎战。在红一、红三军团的背后，湘江水不断咆哮着，面对装备精良的国民党军队，不擅长阵地战的红军注定要投入一场没有胜利的战斗。

红一军团二师五团奉命坚守尖峰岭，但他们顷刻间就被敌人包围了。看着山下黑压压的一片敌人，政委易荡平决定带着战士们且战且退，和敌人展开肉搏战。突然，他感到腹部传来一阵剧痛，紧接着便眼前一黑、膝盖一软，整个人直挺挺地摔在了地上。易荡平看了看自己身上不断溢出的鲜血，又看了看想要救自己的战友，大吼了一声："不要管我，赶紧突围！"说着，他紧闭双眼，用颤抖的手拿着枪，对准了自己的头，轻轻按下了扳机……

随着尖峰岭失守，相邻阵地中的四团也随即被包围了。四团的政委杨成武英勇地冲在最前面，却不幸腿上中了一枪，倒在地上爬不起来了。国民党军中有人认识他，连忙大声嚷道："这是个大官，抓活的！"杨成武看着赶来营救自己的战士一个个倒下，急得大叫："不要过来，不要过来！"但是战士们哪能扔下他不管，几名战士冒着枪林弹雨，匍匐着爬到杨成武身边，这才把他拖了回去。

和红一军团一样，红三军团也遭到了猛烈的进攻。红三军团四师十团位于战场的最前线，这是一片辽阔的平原，完全没有障碍物，红军在这里就如同一排排活靶子一样。团长沈叙清身先士卒，没多久就牺牲了。

彭德怀在指挥部中得到沈叙清牺牲的消息后，立刻任命四师参谋长杜中美为十团新团长。然而传令官离开指挥部没多久，彭德怀又收到了杜中美牺牲的消息，他悲愤地大吼了一声，抄起桌上的手枪就想冲出去，好在军团政委杨尚昆及时拦住了他。

11 月 29 日深夜，在经过了两天两夜的奋战之后，林彪和彭德怀都意识到，再这样打下去，两个军团恐怕要完了。然而从 25 号收到军令到现在，已经过去了五天，为什么大部队还没赶到？怀着这样的疑问，两人联名向朱德发送电报，要求中央纵队加快进军速度。

中央纵队为什么这么慢？其实理由很简单——他们带的东西太多了！在离开瑞金的时候，博古曾发布命令："小到锅碗瓢盆，大到印刷机和纺织机，全都要带上。"为了运送这些行李，博古竟然安排了1万名战士当搬运工，让本就人少的红军雪上加霜。彭德怀早就抱怨过："带这么多东西，就和抬着棺材上路一样！"

中央纵队走得很慢，战士们的生命却在飞快地流逝。为了掩护中央纵队，在左右两翼阻挡国民党军队的红八、红九军团成为敌人"重点关照"的对象，大量的炮火被倾泻到战士们身上。共产国际代表李德对此不管不问，执意龟缩在战壕内缓缓前进，生怕自己成为轰炸的目标。

12月1日，中央纵队终于开始渡河了。就在他们渡河的时候，红一军团差点一脚踏入了鬼门关。原来，敌人硬是在防线上撕开了一个口子，直奔红一军团的指挥部而去。要不是指挥部反应及时，整个军团恐怕就要吃大亏。

当天下午，中央纵队顺利渡过了湘江，但江面上的浮桥却被炸毁了。负责防守的红八、红九军团不得不转移到下游渡河。在敌人的狂轰滥炸下，成批的战士在渡河途中牺牲了，被鲜血染红的江水顺流而下，向人们诉说着战况的惨烈。

到了夜晚，残存的红军主力全部渡过湘江，然后匆忙朝着山岭地带前进，殿后的部队也开始撤离战场。可是，并不是所有人都有机会撤离，红五军团三十四师就极其惨烈，战士们被敌人包围，虽然拼死抵抗，但几乎全军覆没，只剩下几人还活着。

湘江战役，尽管红军取得了胜利，但损失惨重。在离开瑞金的时候，红军有8万多人，然而经过这一系列战斗后，人数锐减到了3万。其中红一、红三军团损失过半，殿后的红五军团只剩下1个师，红八、红九军团一共只有4000人存活。

面对这样的惨况，刚愎自用的博古崩溃了，他坐在地上痛哭流涕，不知如何向将士们交代。红军上下对他和李德的不满也达到了极点，一股期待战略转变的浪潮已经开始涌动……

敲黑板，画重点

中央红军强渡湘江以后，继续执行原定计划北上湘西与红二、红六军团会合。此时，蒋介石更加明确了红军要北上湘西的战略意图，于是调集了数倍于红军的兵力，在去往湘西途中的靖州、会同、洪江和绥宁等地布置了一个“大口袋”，等着中央红军去钻。

危急关头，毛泽东、王稼祥、张闻天等提议在通道县召开紧急会议。最终会议通过了转兵西进、进军贵州黎平的重大建议，开启了通道转兵。

通道转兵的决定，为后来的黎平会议、猴场会议，特别是遵义会议的召开奠定了思想和组织基础，具有十分重要的历史地位。

通道转兵

经历了湘江战役之后，红军元气大伤，但蒋介石还是对这一战极为不满，他在会上大发雷霆："湘江原本应该是共军的坟场！但是你们不仅放走了 3 万共军，而且没有伤到朱、毛分毫，这实在是太耻辱了！我已经得到情报，朱毛共军果然要跟贺龙、萧克汇合，你们必须想办法阻止他们！"

与此同时，李德却被国民党军队吓破了胆。他坚定地认为：几个月来的失败都是因为中央红军实力弱小还不听指挥，必须尽快和红二、红六军团会合，增强军队实力。因此，李德不断催促红军北上，脾气也变得越来越差。

毛泽东看在眼里，急在心里。他悄悄派遣侦察部队去北面探察敌情。没多久，侦察部队就带回了触目惊心的情报——蒋介石在北面布置了 40 万大军、修筑了 200 座碉堡，共计四道封锁线！

毛泽东马上意识到，必须立刻改变行军路线！于是，毛泽东先跟王稼祥、张闻天展开讨论，取得了他们的支持，然后连夜拜访了周恩来和朱德，向他们讲述了北上的危险性。

1934 年 12 月 12 日，红军顶着彻骨的寒风，占领了湖南省通道县。虽然部队还在继续前进，但周恩来还是召集了众人，在通道县恭城书院里召开了紧急会议，讨论红军的前进方向。周恩来还特地叫上了毛泽东，破例让他参加了高层会议。

会议一开始，周恩来就提出了问题："湘江战役之后，战士们都失去了斗志，军队实力大打折扣，这样下去很危险。我觉得我们有必要讨论一下接下来的动向了，有哪位同志想发言吗？"

屋外的风雪无情地敲打着门窗，发出砰砰的响声，屋内的众人却静得离奇，一股莫名的尴尬弥漫在会场中。见没人说话，李德马上不耐烦了，他骂骂咧咧地说："你们不要一天到晚黑着脸！不就是损失了几万人吗？打仗哪里有不死人的？比起我们，国民党军队的伤亡更大！只要我们跟红二、红六军团会合，国民党军队就不能把我们怎么样了！"

然而，李德的话不仅没有得到大家的赞同，反而令大家的眉头锁得更紧了。尤其是当听到李德把红军的战损说得微不足道时，就连博古都罕见地露出了愤怒的神色。

眼看着现场的气氛变得有些险恶，毛泽东站起来了，他指着桌上的作战地图说道："前两天我得到情报，老蒋已经在北上的路上布下了口袋阵，40万大军就等着我们往里钻。此时北上，就等于送死，应该避实就虚，甩掉眼前的强敌。而且，我们现在丢了瑞金，必须赶紧找一个新的根据地休整军队。贵州守军薄弱、地形复杂，我觉得非常合适。"

听了毛泽东的话，张闻天和王稼祥都表示赞同，周恩来也点点头说："我觉得老毛的话很有道理。李德同志，我们现在和共产国际失去了联系，确实应该根据实际情况改变战略了，你看这……"

"我在这里，我就代表了共产国际！你们难道要违抗共产国际的命令吗？"李德显然被周恩来的话激怒了，他猛地一拍桌子，"我说了，我们要跟红二、红六军团会合，这一点是不会改变的！"说完，

·1934 年 12 月，毛泽东促成中央红军通道转兵旧址。

他愤怒地站起身，头也不回地离开了会议室。

李德离开后，会议也无法进行下去了。博古只好草草总结道：“就按李德同志说的，我们的战略目标不会改变。但是红军现在已经没办法跟国民党军队硬碰硬了，我们还是绕着走吧！”

不管怎么说，李德跟博古是红军的最高领导人，众人就算再怎么有意见，也不能公然抗命。会后，中革军委下达了“万万火急”

的命令，要求中央红军改变行军路线，分兵两路转兵西进：一路由通道县县溪进入靖县的新厂、平茶，然后向贵州进军；一路由通道播阳进入贵州洪州，向黎平挺进。但命令中也提到，要继续寻机北上，和红二、红六军团会合。

从结果来看，通道会议并没有完全接受毛泽东提出的意见，红军的战略方向也没有实质性的变化。但是从长远角度来看，这次会议却有着非凡的意义。自从 1932 年以来，毛泽东一直遭到“左”倾人士的排斥，这是他第一次获得表达自己主张的机会，迈出了重回领导层的第一步。在这之后，毛泽东身边的盟友越聚越多，这些人日后都成了红军的中流砥柱。

敲黑板，画重点

1934 年 12 月 15 日，长征途中的中央红军占领黎平。为了确定红军的进军路线问题，中共中央政治局在黎平召开政治局特别会议。会议最后确定了向贵州转兵的战略决策，毛泽东的正确意见终于被党中央采纳，避免了红军陷入重围的危险，使红军争取了主动。

黎平会议是通道会议的继续，为遵义会议纠正“左”倾军事冒险主义错误，做了重要的准备。

黎平会议

通道会议结束后，红军按照命令转攻黎平，并于 1934 年 12 月 15 日占领了黎平。

黎平位于贵州、湖南、广西三省的交界处，地形复杂、交通不便，国民党军队很难在这里围堵红军。更重要的是，红军发现这里储藏着大量粮食！对于奔波了两个月，补给匮乏的红军来说，黎平是一个非常理想的休整场所。

在战士们享受难得的闲暇时，红军上层却产生了微妙的变化。自从博古和李德掌握大权以来，红军就损兵折将，屡战屡败。许多人开始质疑前往湘西的战略目标，就连博古自己也陷入了深深的迷茫中。

博古曾以自己的留学生身份为荣，并深信在李德的指挥下，红军一定能带领中国走出低谷，但一系列惨痛的失败让他心灰意冷，并开始怀疑李德的指挥能力，只是拉不下面子承认错误，只好消极地支持李德。

跟博古不同，李德在数次大败后已经失去了威信，无法全面指挥军队。他开始执着于一些细微的军务，就连军中的大炮是否进行保养，战士们每天吃什么都要过问。恰好此时他得了疟疾，情绪变得很不稳定，动不动就破口大骂，搞得大家怨声载道。

与此同时，其他红军将领则针对红军的战略目标争论得不可开交。有的人认为要继续执行北上的命令，有的人却觉得这是去送死，双方各执己见，谁也说服不了谁。

异样的气氛弥漫在红军之中，让许多人都感到了不安。毛泽东明白，红军已经走到了十字路口，生与死只在一念之间，当务之急就是改变目的地，避开国民党军的堵截。如果红军能攻破力量薄弱的贵州，转而进入四川，就有可能甩开敌人的主力军队。他把这个想法告诉了周恩来，周恩来经过一番思考之后，决定召集黎平附近的所有红军高层，召开政治局会议。

12 月 18 日，黎平会议在周恩来的主持下召开，一些不在黎平的政治局成员也纷纷赶来，李德则因为患病没有参加。

会议开始后，博古依然把李德的那一套理论搬了出来，主张和红二、红六军团会合。毛泽东针锋相对，指出了其中的错误，并主张进军贵州，然后西渡乌江，和四川的红四方面军会合。与会的其他将领也纷纷站队，各抒己见。激烈的争吵声甚至传到了屋外，让负责警戒的士兵都面面相觑，不知如何是好。

眼看局面有些失控，周恩来终于站了出来。他不仅是红军的最高领导人之一，而且德高望重，深受众人信赖，他的态度会起到至关重要的作用。现在，他要做的事只有一件，那就是说服在场的众人，让大家同意毛泽东的意见。

为了让大家能够团结一心，周恩来并没有直接发表看法，而是诚恳地引导众人，让大家理解毛泽东的意见。在他的努力下，绝大多数的将领都被说服了。博古虽然有些不乐意，但还是少数服从多数，默认了会议讨论的结果。

经过一天一夜的讨论之后，黎平会议通过了《中共中央政治局关于战略方针之决定》，肯定了毛泽东的正确意见，放弃了跟红二、红六军团会合的计划，转而朝着遵义前进。

当晚，周恩来把会议结果告诉了李德，李德大发雷霆，当面指责周恩来："你们居然违背共产国际的指示！中共中央政治局这样一群乌合之众有什么资格反对我的战略？”

看着失去理智的李德，周恩来罕见地动了怒。他猛地拍了一下桌子，把放在桌子上的马灯都震倒了。他大声斥责道：“李德同志，现在可不是意气用事的时候！你知道红军死了多少人吗？你可以瞧不起我，但是绝不允许你污蔑我的战友！”说完，周恩来便愤愤地

·黎平会议旧址。

离去。从此，周恩来和李德慢慢疏远，而李德也彻底失去了对红军的指挥权。

12 月 19 日，黎平会议的决议被传达到了红军的各个基层连队。有了明确的战略目标和完整的日程计划，战士们纷纷感到精神一振，湘江战役以来的挫败感顿时一扫而空，部队再次恢复了活力。

作为长征途中的第一次政治局会议，黎平会议的重要性是不可估量的。红军首次从本质上改变了前进路线，避免了跟国民党军队正面交战，保存了自己的实力。黎平会议如同黑夜中的曙光一般，照亮了长征的道路，扭转了红军的命运。

敲黑板，画重点

1935年1月，中共中央政治局在长征途中举行遵义会议，事实上确立了毛泽东同志在党中央和红军的领导地位，开始确立以毛泽东同志为主要代表的马克思主义正确路线在党中央的领导地位，开始形成以毛泽东同志为核心的党的第一代中央领导集体，开启了党独立自主解决中国革命实际问题新阶段，在最危急关头挽救了党、挽救了红军、挽救了中国革命，并且在这以后使党能够战胜张国焘的分裂主义，胜利完成长征，打开中国革命新局面。这在党的历史上是一个生死攸关的转折点。

遵义会议

1934年10月，红军在经历了第五次反“围剿”失败后，为了摆脱国民党军队的追击，被迫开始了战略大转移，也就是历史上赫赫有名的长征。

然而，在长征刚开始的时候，当时的领导人博古、李德却把战略转移当成了大逃亡，不顾中央红军跟国民党军队的实力差距，强行渡过湘江后，使中央红军的人数从 8 万锐减到了 3 万。

巨大的损失和内部的不满并没有让李德、博古发现自己的错误，他们依然一意孤行，想让残存的中央红军跟红二、红六军团在湘西会合。此时的他们完全没有意识到，蒋介石早已看透了他们的想法，并派重兵镇守湘西，正等着红军“入瓮”。

面对如此严峻的形势，毛泽东看在眼里，急在心里。他知道如果就这么前往湘西，红军很可能被国民党军队全歼。为了改变行程，他连夜拜访了多名红军将领，希望放弃会合计划。毛泽东的想法得到了许多人的赞同，中央红军也因此调头向贵州进军。

1935 年 1 月 7 日，红军攻克了贵州北部的重镇遵义，将国民党的追兵远远甩开。遵义是当时贵州的第二大城市，也是红军开始长征之后占领的第一座大城市。

一周后，各位中共中央政治局委员、候补委员和各军团主要领导面色凝重地前往一所贵州军阀的公馆，参加一个改变红军命运的大会——遵义会议。

会议一开始，博古进行了关于第五次反“围剿”的总结报告。他将红军的失利归结为敌强我弱，过多地强调了客观原因，而不承认主要是由于他和李德压制正确意见，在军事指挥上犯了严重错误而造成的。接着，周恩来作了副报告。他则提出红军失利的主要原因是军事领导战略战术的错误，并主动承担了责任，作了诚恳的自我批评。

博古近乎推卸责任的报告让与会人员深感失望，很多人流露出不满的情绪。张闻天首先站起来批判。他的发言一针见血地指出，第五次反“围剿”以来红军接连失败的主要原因是博古、李德在军事指挥上犯下的一系列严重错误，并揭露了他们试图推脱罪责的本质，被视为博古报告的“反报告”。

对于批评，李德、博古等人听得直皱眉头，表情十分尴尬。

张闻天的话音刚落，毛泽东接着作了长篇发言，对博古、李德在军事指挥上的错误进行了切中要害的分析和批评，并阐述了中国革命战争的战略战术问题和此后在军事上应该采取的方针。之后，王稼祥在发言中第一个提出应由毛泽东来领导红军。素来谦逊宽厚的朱德，这次也声色俱厉地追究起临时中央领导的错误。他大声质问李德：“有什么本钱，就打什么仗，没有本钱，打什么洋仗？”周恩来在发言中也支持毛泽东，并全力推举毛泽东参加军事指挥。

会上，也有个别人为博古、李德的错误辩解。时任中央革命军事委员会总供给部政委、并作为红九军团中央代表随军行动的凯丰会前就忙着四处活动，拉拢人心。他曾找到聂荣臻，三番五次地劝他支持博古，但遭到拒绝。在会上，他狂妄地对毛泽东说：“你打仗的方法一点都不高明，你就是照着《三国演义》和《孙子兵法》打仗的。”毛泽东反驳道：“打仗之事，敌我形势那么紧张，怎能照书本去打！我并不反对理论，它非有不可，要把马列主义当作行动指南，决不能变成‘书本子主义’！”

毛泽东后来回忆说：“他们又批评我，说我凭着《三国演义》和《孙子兵法》指挥打仗。其实《孙子兵法》当时我并没有看过；《三国演义》我看过几遍，但指挥打仗时，谁还记得什么《三国演义》，统统忘了。我就反问他们：既然你们说我是按照《孙子兵法》指挥作战的，想必你们一定是熟读的了，那么请问：《孙子兵法》一共有几章？第一章开头讲的是什么？他们哑口无言。原来他们也根本没有看过！”“从那以后，倒是逼使我翻了翻《孙子兵法》。”

需要特别说明的是，凯丰能够正确对待和勇于改正自己的错误。在党中央的批评帮助下，面对着红军在毛泽东等同志的指挥下扭转战局的事实，凯丰很快认识到了自己的错误，转而支持毛泽东的正确领导。

对于这一段历史，凯丰在6年后回忆说：“因当时对过去中央苏区所犯的错误还不了解，在遵义会上坚持了错误的方面，现在想起来真是幼稚可笑。经过中央的批评在很短的时期内就了解了自己的错误（大约两个月的光景）。”

后来在延安整风运动中，凯丰又联系实际，剖析自己，对以前的教条主义错误和在遵义会议上的表现作了诚恳的自我批评，得到党中央的谅解。在延安时期，凯丰与毛泽东友情逐步加深。1942年9月15日，毛泽东在给他的信中安慰说：“不愉快的事，过一会也就好了。”

遵义会议改组了中央领导机构，选举毛泽东为中共中央政治局常委。此后，在红军转战途中，中共中央政治局常委分工，根据毛泽东提议，决定由张闻天代替博古负中央总的责任。后来根据作战指挥需要，成立了由周恩来、毛泽东、王稼祥组成的新“三人团”，

· 遵义会议会址。

负责指挥全军的军事行动。

遵义会议开始确立以毛泽东同志为主要代表的马克思主义正确路线在中共中央的领导地位，在最危急关头挽救了党、挽救了红军、挽救了中国革命。会议的一系列重大决策，是中国共产党同共产国际中断联系的情况下独立自主地作出的。遵义会议是党的历史上一个生死攸关的转折点。

敲黑板，画重点

长征中，先后有两个作为党和红军最高领导机构的“三人团”。长征前夕为准备实行战略大转移，成立了由博古、李德和周恩来组成的最高“三人团”；长征途中为解决党和红军前途命运的重大问题，自发形成了由毛泽东、张闻天、王稼祥组成的中央队“三人团”。

1935 年 3 月 17 日，红军途经赤水河畔川黔交界处的陈福村时，中共中央召开政治局扩大会议，决定成立由周恩来、毛泽东、王稼祥组成的新“三人团”，集中领导军事，加强作战统一指挥。以“周恩来为下最后决心的负责者”“以泽东同志为恩来同志军事指挥上的帮助者”。

“三人团”

1935 年 3 月中旬，中共中央政治局宣布成立由周恩来、毛泽东、王稼祥组成的新“三人团”，负责指挥全军的军事行动。王稼祥在收到消息之后，久久不能平静，他苦笑着摇了摇头，感叹道："没想到兜兜转转了一圈，我又回来了。"

时间拉回到 1931 年，王稼祥刚从苏联留学归来不久，就接到共产国际的命令，他被确定为中央苏区"三人团"的成员，要速往中央苏区领导革命。

此时，中央苏区在毛泽东的领导下，刚刚赢得了两次反"围剿"战争的胜利。但红军的战术却让王稼祥感到非常恼火："偌大一个中央苏区竟然连一场像样的阵地战都没打过！一天到晚跟老鼠一样躲来躲去，简直把共产国际的脸都丢光了！"

为了执行自己信奉的 "积极进攻路线"，王稼祥开始给全军上下做思想工作。他明白，毛泽东在军中的影响力很大，想要说服他，先要了解他。为此，他开始研究毛泽东的理论，并与毛泽东频繁接触。

就在王稼祥开始了解毛泽东的时候，第三次反"围剿"战争开始了。在这之前，王稼祥只知道苏联的阵地战法，若换他来指挥，一定会把红军都赶去阵地，然后和国民党军队打消耗战。然而，毛泽东那套"诱敌深入"的战术却让他大开眼界：仅仅用了三个月，红军以很小的损失换来了歼敌 3 万的成果，粉碎了蒋介石的计划。

战争结束后，王稼祥主动找到毛泽东，虚心向他讨教："老毛啊，没想到仗还能这么打，你是怎么想到的？"毛泽东谦逊地一笑，说道："这可不是我拍脑门想出来的，这是大伙儿总结了这些年革命的经验，才琢磨出来的。"

王稼祥恍然大悟，以前他总觉得毛泽东那套是经验论，根本上不了台面，但现在他明白了，只有根据实际情况来制定战略，才能取得胜利。从此，王稼祥跟毛泽东越走越近，成为留苏派中极少数支持毛泽东的人。

可是，只靠王稼祥一人是无法改变局势的。在接下来的两年里，临时中央对毛泽东的排挤越来越严重，最后彻底把他边缘化了。王稼祥虽然有心支持毛泽东，但是他在第四次反“围剿”战争中受了重伤，弹片留在身体里无法取出，只能躺在病床上养伤。

1934 年 4 月广昌失守之后，中央红军在根据地内粉碎国民党军队的第五次“围剿”已极少可能。为筹划战略转移事宜，成立了由博古、李德和周恩来组成的最高“三人团”。中央红军在第五次反“围剿”战争中惨败，不得不开始长征。王稼祥伤还没好，便躺在担架上，跟着担架队一起行动。

巧合的是，这时候毛泽东因为得了疟疾，身体很虚弱，同样留在担架队中。他们跟张闻天被安排住在一起，三人便经常在闲暇时讨论国家大事，因此被人们称作中央队“三人团”。很快，张闻天也被毛泽东的战略思想折服了。

王稼祥清楚地记得，在湘江战役后的一天夜里，毛泽东带着急切的神情回到了住处，这对一向泰然自若的毛泽东来说是非常罕见的。王稼祥不由得问道：“老毛，你这是怎么了？”

毛泽东听了，连忙走到王稼祥的担架前，递上一张纸条，皱着眉说：“稼祥啊，你快来看，这是我刚得到的情报，北边不能去啊！”

王稼祥接过纸条，借着昏暗的马灯灯光，他赫然看到了一行字：国民党在前往湘西的路上布置了40万大军。王稼祥大惊失色：“我们的战士现在几乎丧失了战斗能力，要拿什么去跟国民党这40万大军拼命啊！”

这时，一旁的张闻天也凑了过来，他只看了一眼，就跺着脚说：“坏了！这下坏了啊！”

“事情还没到不可挽回的地步，我们现在改变路线还来得及！”毛泽东看了看两人，提出了自己的想法，“红军应该从敌人实力薄弱的地方入手，先找一个地方进行整顿。我觉得贵州就不错，那里地形复杂，守军都是瘾君子，战斗力极差。”

王稼祥听了，顿时眼睛一亮，赞道：“好啊，贵州是个好地方……”只不过他还没说完，愁容就再次浮上了脸，“可是，最高‘三人团’能听你的话吗？”

一旁的张闻天点点头，表示自己的想法也差不多。毛泽东见两人都同意，便笑着说：“那我们就必须召开政治局会议，让少数服从多数！我再去找恩来和朱老总商量一下。”说完，就匆匆离开了。

王稼祥看着毛泽东离去的身影，也不由得笑了。因为他相信，毛泽东一定能带领红军走向光明。

果不其然，中央红军在这之后召开了一系列的会议，改变了红军的战略目标。

然而，遵义会议后，军队中的矛盾并没有完全消失，大家依然各执己见。正当王稼祥对此感到头痛不已的时候，毛泽东又找到了他。原来，毛泽东想要重新组建“三人团”，并邀请王稼祥加入。

王稼祥知道，毛泽东邀请自己是出于军事和政治的双重考虑，但他还是欣然接受了。因为红军必须要有一个能拍板的领导人，而王稼祥心中的领导人正是毛泽东。

没多久，新“三人团”被批准成立，以周恩来为首，毛泽东负责辅助周恩来展开军事行动，王稼祥也在时隔多年之后，重新回到了领导核心的地位。不过这一次，他已经不是当年的愣头青了，他将坚定地站在毛泽东身边，帮助毛泽东成就一番事业。

敲黑板，画重点

1935年1月遵义会议后，鉴于红军处于遭受敌人四面围堵的不利态势和黔北地区回旋地域有限等情况，毛泽东等决定率领中央红军北渡长江，跳出敌人重围，开创川西或川北根据地。

但是，红军一渡赤水后，由于敌情急剧变化，北渡长江已不可能。毛泽东果断率师向扎西集结，迂回穿插于敌人数十万重兵之间，积极寻求战机，有效歼灭敌人，使红军乘隙实现了渡江北上的战略目的。

四渡赤水是“长征史上最光彩神奇的篇章”。

四渡赤水

遵义会议结束以后，中央红军迅速确定了接下来的战略重点——北渡长江，与红四方面军会合。然而，蒋介石也看破了红军的动向，命令贵州的军队北渡乌江，包围红军，并在贵州的边界筑起防线，防止红军突围。

1935 年 1 月 20 日，红军总指挥部下达了渡江的命令。五天后，红军占领了位于遵义西北方的土城，并派林彪指挥红一军团攻打土城西北方的赤水城，打算从那里进入四川，直奔长江而去。

然而，红军在这里碰了一个大钉子！原来，四川的国民党军队担心贵州军挡不住红军，竟然先下手为强，直接占领了赤水城，愣是把红一军团拦住了。

赤水城久攻不下，土城的红军又遭到包围，这让毛泽东陷入了深深的沉思。

时间一分一秒地过去，毛泽东依然没找到破解的办法。此时已是凌晨时分，他却没有丝毫睡意，任由汗珠顺着脸颊滴落。“土城、赤水城、土城、赤水城……赤水……赤水河！”突然，毛泽东的眼睛亮了起来，他大声叫来了传令兵，“情况紧急，立刻把林彪叫回来，我们渡河！”

这时的毛泽东并不知道，他的这一句“渡河”，拉开了红军长征史上极其经典的一场战役的序幕！

1 月 29 日拂晓，红军迅速渡过赤水河，全军向西进发。为了迅速摆脱敌人，毛泽东忍痛下令，将红军在遵义缴获的笨重武器和大量补给抛入河中。蒋介石听到红军渡河的消息后，又接连派出了 3 支大军围攻红军。

2 月 9 日，眼看红军又要陷入包围圈，毛泽东立刻召开紧急会议。

·1935 年 1 月至 3 月，中央红军四次渡过赤水河。

会上，毛泽东微笑着听完大家的意见，指了指地图，问道：“现在，各路大军都被吸引到了我们这里。那么你们觉得，哪里的守卫是最薄弱的？”

“那还用问吗？当然是没人防守的东部战线了！”众人想都不想就回答道。

“没错，东部兵力空虚，现在正是夺回遵义的最好时机！”毛泽东一拍桌子，铿锵有力地说道。

2月21日，红军留下红九军团制造假象，其余部队则悄悄向东进军，第二次渡过了赤水河。河对岸的国民党军完全没想到，远在天边的红军居然突然出现在自己眼前，一时间被打得丢盔卸甲，溃不成军。

7天后，红军再次占领遵义，这样的架势把蒋介石也震慑住了。他吸取了红军二渡赤水的教训，要求国民党军队步步为营，用碉堡战术缓慢地缩小包围圈，使红军陷入被动。

鉴于前两次红军渡河的经验，毛泽东对作战方案有了更成熟的想法。此时想要再次渡过赤水河，最快的方法就是经过遵义正西方的鲁班场。

这时，蒋介石也想到了这一点，派出精锐军队守在此处。

以红军现有的实力攻打鲁班场，就算胜了也是惨胜，怎么办？毛泽东胸有成竹地说："现在不论是哪路部队都来不及支援鲁班场，如果能攻下鲁班场最好，如果攻不下，我们就要打得敌军不敢出击，然后顺势渡过赤水河！"

计划就这样确定了。

3月15日，攻打鲁班场的战斗开始了，因国民党军队的重火力压制，红军并没取得什么优势。但正如毛泽东所料，等到16日红军果断撤退，转移到鲁班场北面的茅台镇西渡赤水河时，国民党军队居然都不敢追击。

3月21日，红军再次东渡赤水河，跳出了敌人的包围圈，回到了贵州。至此，毛泽东心中已有了一个大胆的想法——他找到了通往胜利的钥匙。

等红军四渡赤水河的战报传到蒋介石手里时，他罕见地在众人面前大笑起来。身旁的人问其缘由，蒋介石毫不避讳地断言道：“共匪攻不下鲁班场，说明他们已是强弩之末。现在他们转了一圈回到贵州，必然是没有退路了。想要剿匪成功，就在此一举！”

3 月 24 日，蒋介石乘飞机从重庆飞往贵阳，打算亲眼见证战争的结束，品味胜利的喜悦。然而他万没想到，等待他的不是前线的捷报，而是大量的红军。

4 月 1 日，红军除了第九军团还在乌江北面牵制敌人外，其余部队都神不知鬼不觉地南渡乌江，直奔贵阳而去。等蒋介石得到消息时，红军的主力离贵阳已经不远了。国民党几十万大军都在乌江北岸，贵阳所剩兵力连一个团都不到，真打起来那就是死路一条！极度慌张的蒋介石连忙调集云南的军队赶赴贵阳，而他自己居然不顾留守贵阳的军队，准备随时乘飞机逃跑！

时间一分一秒地过去了，在飞机上左等右等还没等来红军的蒋介石感到非常奇怪，就在这时，新的情报传来了——红军没有攻打贵阳，而是向东边的清水河进军，看上去是要撤往湖南。

“这该死的共匪！居然敢戏弄我！”恼羞成怒的蒋介石气急败坏地命令道，“快，让所有军队去东边！今天要是不把共匪全歼，我誓不罢休！”说完，一脚踢翻了桌子，仿佛要把自己的怒火全部发泄出去。

当看到蒋介石把军队全都调集到东面时，率领大部队隐藏在贵阳和乌江之间的毛泽东终于长长地出了口气——计划成功了。没错，不论是在乌江北岸牵制敌人，大张旗鼓地进攻贵阳，还是毫不掩饰地强渡清水河，这一切都只是毛泽东计划中的佯攻而已。他的最终目的只有一个——进攻云南！

红军终于摆脱了蒋介石十几万大军的围追堵截，一口气冲进了云南，直奔金沙江。在这场战斗中，毛泽东将他灵活应变的决策力和胆大心细的创造力发挥得淋漓尽致，使红军自第五次反“围剿”以来，第一次真正跳出了国民党军队的包围圈。从此以后，蒋介石再也无法对红军展开合围战术。

敲黑板，画重点

1935 年 3 月 10 日深夜，春寒料峭，细雨蒙蒙，遵义苟坝村的静谧被一阵急促的脚步声踏破。忧心忡忡的毛泽东提着一盏马灯，沿着一条小土路急匆匆地走着，他要到周恩来的住处，说服他撤销进攻打鼓新场的军事决定。

这盏马灯不仅照亮了漆黑的深夜，也见证了毛泽东挽救红军、改写中国命运的历史瞬间。

一盏马灯的故事

在贵州省遵义市，有一个名叫苟坝的小山村，村里有一座红军马灯陈列馆。馆内有一盏老旧的马灯，它看上去平平无奇，却向每一个来到馆内的人诉说着红军曾经经历的风风雨雨……

1935 年 3 月，红军二渡赤水，再次攻占了遵义。此时，红军已经从被动逃亡转向了主动转移，全军上下都充满了斗志。蒋介石似乎也被打怕了，他急令追击红军的部队转移到大城镇中，准备用碉堡战术层层推进。这无意间破坏了红军诱敌深入的计划，让有力无处使的红军将领们感到有些焦躁。

3 月 10 日，红一军团的情报员突然截获了蒋介石发送的电报。电报透露了一个消息——从遵义撤离的国民党残军被派去防守打鼓新场了。

听到这个消息，红一军团的军团长林彪坐不住了，他大笑道：“这简直就是天上掉下来的馅饼！”打鼓新场是比较富裕的城镇，守军还是自己的手下败将。林彪火速和聂荣臻商量作战计划，然后向朱德发送了一封“万急”电报。

遵义会议之后，红军的重大军事行动都由中共中央政治局的 20 多位成员一起讨论，最终少数服从多数。朱德在收到电报之后，也觉得这是一个不错的战机，他连忙召集众人，在苟坝召开了政治局扩大会议。

大家一讨论，都觉得林彪的计划非常好，只有毛泽东一人对此愁眉不展。他思考一番后表示了反对：“我觉得林彪的计划还是有些问题。首先，打鼓新场的守军的确很弱，但是红一军团离那里太远了，很容易在行军途中被敌人发现。一旦暴露，周围的国民党精兵就会出动；其次，打鼓新场的防御设施很完善，敌人很可能龟缩在城内等待救兵，如果久攻不下，战士们就会被国民党的援军团团包围；最后，打鼓新场的确比较富裕，但并没有富得流油，不值得为了这点小利益去冒险。”

然而，毛泽东的想法并没有被接受，参会的众人都已经开始幻想胜利之后的场景。情急之下，毛泽东撂下狠话："如果你们硬要打，那我就不当这前敌总指挥了！"

不料，一些将领觉得毛泽东这是在给大家施加压力，开始愤怒地批评他。结果一来二去，会议不仅通过了作战计划，还撤销了毛泽东的职务。

当天夜里，毛泽东躺在床上辗转反侧。他并不在意自己的职务，但是不甘心眼睁睁看着战士们去送死。突然，他想到了在会上没有表态的周恩来，如果能让周恩来动用最终决定权，事情也许还有转机。想到这，毛泽东连忙翻身下床，拿起桌上的马灯，匆匆走出了小屋。虽然已经到了3月，但迎面的寒风还是让毛泽东忍不住打了个哆嗦。

苟坝村是一个典型的乡村，大大小小的田地把村子分割成了好几块。毛泽东想要见周恩来，必须穿过田间的小道。恰逢播种时节，田间小道早就被农民们踩得坑坑洼洼。走在上面，一不小心就会陷入泥潭，或者跌入田里。田里少不了藏匿着的水蛇和水蛭，就算是当地人也不愿意在晚上通过这里。

但是毛泽东等不到天亮了！他一步一个脚印，急切而又冷静地向前走着。马灯那微弱的灯光不足以让毛泽东看清小路，他只好不时地弯下腰，眯着眼睛察看道路，一边走一边提防着蛇虫。

就这样，毛泽东小心翼翼地前行，原本不到2千米的一段小路，他愣是花了半个多小时才走完。他的一双鞋里灌满了泥水，身上也沾满了泥土，只有手里的马灯还在闪烁，仿佛在诉说中国的革命之火永不熄灭。

等到毛泽东见到周恩来时，周恩来不禁对身上沾满泥水的毛泽东的突然造访感到诧异，惊慌地站起来问道：“老毛，你这是怎么了？难道有敌人打过来了？”

毛泽东摆了摆手，神色凝重地说：“恩来啊，关于攻打打鼓新场的命令，你写好了吗？我来找你就是想聊聊这个事情，我依然觉得这个作战计划太鲁莽了。”

其实，周恩来对此也有所顾虑，听了毛泽东的想法后，便领着毛泽东连夜去找朱德商量。正当三人讨论的时候，外派的侦察员突然发来一份密报。原来，国民党大军已经秘密向打鼓新场移动，这是一个陷阱！事到如今，朱德也明白原来的作战计划已经没用了。

3 月 11 日清晨，朱德再次召开会议，和毛泽东、周恩来一起说服了求战心切的诸位将领。会议快结束时，有人提议恢复毛泽东的职务，得到了所有人的赞同。

危机暂时过去了，毛泽东却由此发现了红军的致命问题——军中参与决策的人太多了！为此毛泽东提议组建新“三人团”，并得到了中共中央政治局的支持。从此，毛泽东真正拥有了军事决策权，他将化身为一盏马灯，在黑暗中照亮新中国的道路。

敲黑板，画重点

1935年1月中旬的遵义会议后，为了摆脱数十万敌人的尾追，在以毛泽东为代表的正确军事路线指导下，红军采取灵活机动的战略战术，回师黔北，二渡赤水，重战娄山关，再占遵义城。

娄山关战斗的胜利，成为中央红军长征以来的第一次大胜仗。从此，红军摆脱了被动挨打的局面，在战略上转入了主动态势。

《忆秦娥·娄山关》

1935年2月下旬，中央红军二渡赤水，向着遵义高歌猛进，但是想要再度占领遵义，却绕不开一处天险——娄山关。

娄山关位于遵义以北50千米处，是贵州北部的第一要塞，自古以来都是兵家必争之地。娄山关的右侧是一片悬崖绝壁，几乎无法攀登，左侧勉强可以攀登，但不是本地人很容易在山上迷路。在连绵的山峰之间，只有一条羊肠小道可以通向娄山关。毫无疑问，敌人的炮火都将倾泻在这条小路上。

此时，国民党军队已经封锁了红军的其他去路，如果不能攻克娄山关，红军必然被敌人包围。为此，红军派出身经百战的彭德怀和他的红三军团，意图一鼓作气拿下娄山关。

2 月 25 日清晨，驻扎在桐梓县的彭德怀收到中央军委的指示：应乘虚占领娄山关。他立刻召集众人，召开作战会议。

彭德怀指着地图说：“我们昨天在前进的途中抓获了几名俘虏。根据他们的情报，敌人在娄山关附近只有 3 个团的兵力，其中六团在娄山关，十团在距离娄山关 3 千米处的黑神庙，十五团在距离娄山关 10 千米的板桥镇。我们必须在敌人援军到达之前攻破关口！”

说到这，彭德怀环视了一圈，开始下达突击命令：“十三团从正面攻击娄山关，十二团在后面接应。十团绕过娄山关，去阻击板桥的敌军十五团，十一团迂回到板桥和遵义之间，切断敌人的退路。都听明白了吗？”

“听明白了！”众将高声呼喊着，各自领命出发。

十团和十一团在接到命令后，立刻开始在镇上寻找熟悉山路的人。听到红军想走山路，一个名叫肖开模的农民主动站了出来，他激动地说：“红军帮助我们农民，我也要帮助红军！这里的山路就跟我家的后院一样，熟悉得很呢，我保证完成任务！”

在肖开模的带领下，2 个团一路翻山越岭，走了一天一夜，到

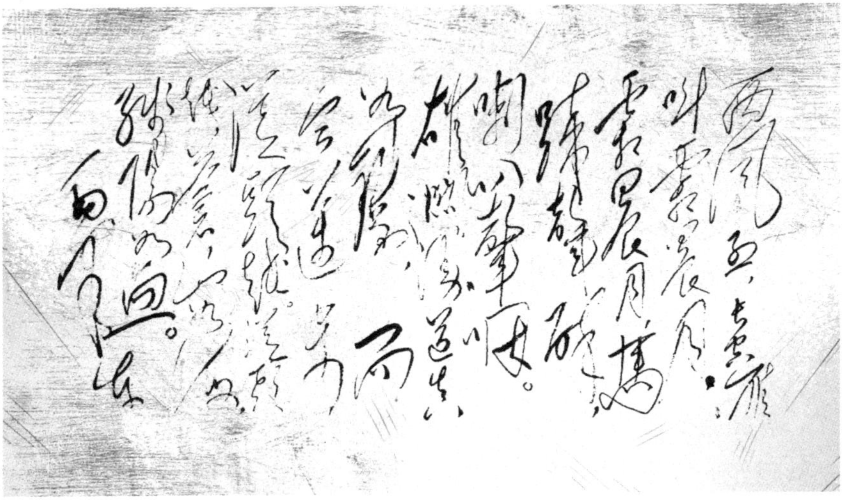

·毛泽东手书《忆秦娥·娄山关》。

了 26 日凌晨时分才来到板桥。

在十、十一团进入山地之后，十三团也立刻对娄山关发动了攻击。十三团团长彭雪枫知道，正面强攻娄山关是做不到的，必须用包抄战术。于是，他命令部分战士在正面佯攻，并安排 1 个营的战士去占领点金山的制高点。

点金山面向红军的一面是光滑的悬崖，但是留给他们的时间已经不多了。为了迅速占领点金山，战士们只能拉着藤蔓和树枝，一步一步向山顶攀登。由于藤蔓长满尖刺，山壁上没有立足点，许多人失足摔入悬崖。当他们爬到一半时，山顶的守军发现了他们，并开始用机枪猛烈地扫射。

但是战士们并没有因此而放弃，他们一边朝山顶扔手榴弹，压制敌人的火力，一边加快速度往上爬。等到战士们爬到山顶时，他们立刻大声呐喊着冲向敌人的阵地。一时间，呐喊声、机枪声、爆炸声混在一起，把守卫山头的国民党军队吓得胆战心惊。

经过短时间的肉搏战后，红军占领了点金山，并开始向大金山发起冲锋。到黄昏时分，红军已经完全控制了娄山关两侧的十多座山头。

就在其他部队攻击制高点的同时，负责火力吸引的十三团正面部队已经向娄山关发起了冲锋。但是敌人的火力实在是太猛了，强行冲上去只会送死。为了摆脱这个局面，十三团侦察连连长韦杰陷入了沉思……

下午 4 点多，一支国民党的小分队突然出现在娄山关关口，只见一位貌似小队队长的人大声喊着："快！快开门！我们是被打散的点金山守军，点金山失守了！"负责守卫娄山关的六团团长刘鹤鸣听后大惊，连忙打开城门，想立刻从这些人口中了解战况。

可是，刘鹤鸣做梦都没料到，就在打开城门的一刹那，那些士兵竟然从口袋中掏出一串手榴弹，迎面朝守军扔了过来！

"中计了！中计了！是共军，快关城门！"刘鹤鸣一边大声嘶吼着，一边惊慌地朝后方跑去。然而，一切已经太晚了，手榴弹的爆炸声仿佛是发令枪的响声一般，一时间，埋伏在山上的红军和关口外的红军一齐出击，打了国民党守军一个措手不及。

“什么，怎么山上都是共军？！援军呢？其他团都到哪里去了？”刘鹤鸣完全蒙了，脑海中只剩下了“逃跑”二字，他甚至来不及布置守军殿后，就坐上车弃关而去。

刘鹤鸣所说的援军都去哪了？很简单，位于板桥的十五团在赶来的路上遭到红军突袭，被全歼了；黑神庙上的十团也被红军一锅端了，就连负责指挥的旅长杜肇华都差点被活捉。

长官跑了，守军自然也无心恋战。25日夜晚，十二团接替奋战一天的十三团，继续发起冲锋，最终完全占领了娄山关。

3月26日，杜肇华集结了手下的剩余兵力，妄图重新向娄山关反扑，却被占据险要位置的红军轻松击溃。红军击退了国民党军以后，立刻马不停蹄地前进，于28日占领了遵义。

26日傍晚，军委纵队进入了娄山关，毛泽东登上城楼，看着祖国的大好河山，对革命的未来充满了信心，他大笔一挥，激情满怀地写下了《忆秦娥·娄山关》诗一首：

西风烈，
长空雁叫霜晨月。
霜晨月，
马蹄声碎，喇叭声咽。
雄关漫道真如铁，

而今迈步从头越。

从头越，

苍山如海，残阳如血。

敲黑板，画重点

金沙江位于长江的上游，穿行在川滇边界的深山峡谷间，江面宽阔，水急浪大。如果红军过不去，就会被国民党军压进深山狭谷，遭致全军覆灭的危险。

1935 年 4 月 28 日，蒋介石下达命令，控制渡口，毁船封江。就在红军抵达金沙江前夕，江边的敌人已将所有船只掠到了北岸。

1935 年 5 月 3 日至 9 日，红军避敌锋芒、出其不意，使 2 万多人的红军部队，仅凭 7 只渡船，在 7 天 7 夜间，全部渡过金沙江，谱写了中国工农红军在长征中的又一成功战例！

巧渡金沙江

随着红军南渡乌江，直奔云南，蒋介石的“围剿”计划彻底破产。但是毛泽东等人非常清楚，国民党军队随时可能卷土重来，他们必须继续前进。所有人的目光都聚焦到了云南与四川的边界——金沙江。

红军会北渡金沙江！蒋介石也在第一时间得出了这个结论，他立刻命令金沙江沿岸的守军，将金沙江上的所有船只停靠北岸，然后派遣精锐部队追击红军。

就在蒋介石调兵遣将时，1935 年 4 月 26 日，红军已经来到了距离昆明不足 100 千米的马龙县。这让坐镇昆明的龙云大为震惊，他不仅急令支援贵阳的精锐军队返回，还火速向国民党名将薛岳求援。

龙云的动向引起了毛泽东的注意，他对龙云这个人非常熟悉，此人虽是治理领地的好手，但军事指挥就差多啦。如果此刻派兵佯攻昆明，心虚的龙云必然会调集所有军队前来救援。一旦国民党主力聚集昆明，那金沙江沿岸的防线就形同虚设了。

4 月 29 日，林彪率领的红一军团接到命令，千里奔袭，一口气攻占了昆明附近的大板桥。为了虚张声势，林彪亲自打电话通知昆明守军，命令他们立刻投降，否则马上发动攻击。

这还得了！整个昆明陷入了惊慌之中。龙云紧急下达一级战备指令，并开始疏散城中百姓。正如毛泽东预想的那样，龙云根本不考虑红军是真打还是佯攻，迅速调集云南各地的军队前来支援。更让毛泽东感到兴奋的是，龙云一连向蒋介石发出了 3 封求救电报，愣是唬得蒋介石派出 3 个旅驰援昆明，大大削弱了追兵的实力。

万事俱备，只欠东风。通过商议，毛泽东下令即刻开始渡江行动：红一军团从左路攻打元谋，并占领龙街渡口；红三军团从右路抢占洪门渡口；军委纵队从中路抢占皎平渡口；红五军团负责殿后掩护。

左路军的先锋是由黄开湘、杨成武率领的红四团。两人商议后，决定乔装成国民党军队，骗过守军。

于是，杨成武组织了先遣军，穿上国民党军队的制服，向着元谋强行军。到了5月3日，这支先遣军居然不开一枪，兵不血刃地拿下了元谋及周围几个县城。等林彪率主力赶到后，红一军团火速前往龙街渡口。

就在红一军团展开行动之前，军委纵队也想到了相同的主意。5月1日，刘伯承率领干部团一支小队，悄无声息地离开营地，直奔皎平渡口。

皎平渡口是四川、西藏、云南之间的贸易中转站，黄金、药品等贵重物资都会在这里进行交易，所以守备此地的军官没有像其他渡口的守军一样退到北岸。

5月3日，守备军官正惬意地喝着茶，突然一个传令兵闯了进来："报告！重庆的急行军来渡口了，军队长官要求跟你见面！"

"什么？中央的人？"军官吓得差点打翻了茶杯，大声道："快带我去迎接！"

十几分钟以后，军官带着渡口大大小小的官员，恭恭敬敬地来到了渡口外。他弯着腰，缓步走向领头人，恭敬地说："长官好！在下是皎平渡口的负责人！"

领头人轻蔑地看了他一眼，没好气地说道："怎么才这么几个人？要是共匪攻过来了怎么办？”

“报告长官，这已经是留在渡口的所有官员了，其他人都按照委员长的指示，撤到北边去了。”

“哦？所有官员？那正好……”领头的那人扫视了一圈，见眼前的官员都吓得低下了头，不由得轻轻一笑，然后猛地一挥手，“上！抓活的！”

随着领头人的一声令下，他身后的“国民党士兵”如同疾风一般冲向渡口的官员，一眨眼的工夫，所有的官员都被严严实实地按在地上，动弹不得。

“长官，我做错什么了？为什么要这么对我？”守备军官似乎还没明白发生了什么，急促地问道。

“也没什么。”急行军的领头人轻轻摘下他的国民党军帽，笑着说，“你只不过是把我刘伯承错认成上司了而已。”

“刘伯承？！你是——”军官瞪大了眼睛，气急败坏地想说些什么，但没等说完，就被一旁的“国民党士兵”押了下去。

由刘伯承率领的红军，他们日夜奔行了100千米，仅用两天时间就赶到了渡口。

控制住敌军之后，刘伯承立刻带着一支分队去渡口观察情况，然而出乎他意料的是，这个交易重地居然只有两艘小船。通过审问俘虏他才知道，这两艘小船还是对岸的探子留下的。

对岸的探子？刘伯承眯着眼睛思考了一会儿，又摸了摸头上的军帽，自言自语道：“看来我这帽子还得再戴一段时间。”

当天晚上，刘伯承带上寥寥数人，划着探子的小船驶向北岸。不出他所料，这里的守军也没有怀疑他们的身份。红军出其不意地发动突袭，瞬间歼灭了整整一个连的守军。

控制了皎平渡口的北岸后，刘伯承找到了守军留下的5艘大船，并马上划着7艘船回到了南岸。

这时，左路的红一军团也赶到了龙街渡口，但那里竟然一条船都没找到。就在林彪着急万分时，国民党的轰炸机发现了他们。一时间，龙街渡口变成了一片火海。

军委及时下达了命令，红一军团奉命赶向皎平渡口。

右路的红三军团也遇到了同样的困难，他们只找到一艘小船。彭德怀当机立断，留下一个团在洪门渡口渡河，其他人迅速向皎平渡口转移。

就这样，中央红军在皎平渡口会合，并找到了36个当地的船工，用了整整7天7夜的时间，从容地渡过了金沙江。等国民党追兵赶到时，早已看不见红军的踪影。

不论是前期的声东击西，还是后期的渡江作战，巧渡金沙江的壮举，都充分体现了红军高效的执行力、优秀的创造力以及永不放弃的决心。

敲黑板，画重点

1935 年 5 月，中央红军长征进入四川西北。为迅速强渡大渡河，中央决定穿越彝族聚居区。由于历史上反动统治阶级实行民族压迫政策，导致彝族人对汉人有很深的猜忌和敌意，红军的去路被彝民堵住。

为顺利通过彝区，红军先遣队司令员刘伯承与小叶丹在彝海子边歃血为盟，小叶丹亲自派人护送红军过境。

彝海结盟为红军执行党的民族政策、正确处理民族问题提供了宝贵经验。

刘伯承与小叶丹歃血为盟

1935 年 5 月，红军渡过金沙江之后，毛泽东的下一个目标就是大渡河。为此，毛泽东派刘伯承带领先锋军打通前往大渡河的路线。

想要以最快的速度前往大渡河，就必须穿越大凉山。穿越大凉山的道路有两条，一是国民党军队控制的官方大道，二是由彝族人控制的山间小道。刘伯承在出发之前就已经收到消息，蒋介石在大道上布下了重兵，但他们控制的彝区里没有国民党军队。刘伯承由此产生了借道彝区的想法。

由于统治者长期采取民族压迫政策，所以彝族人跟汉人一直有着很深的隔阂。国民党政府不仅延续了打压政策，还一直添油加醋地说红军的坏话，让彝族人变得更加敌视红军了。刘伯承非常明白，这种敌视是建立在偏见之上的，如果红军能和彝族人相互沟通，就有办法消除偏见。为此，刘伯承在率军进入彝区之前，向部队发出了一条军令——不准红军在彝区开一枪。

5 月 20 日，刘伯承命令萧华带领 200 人的部队先进入彝区，传达红军要跟彝族人民和平共处的想法。然而这支部队刚进入彝区，就被几百名彝族武装民众围住了。这些彝族人按照部族的传统，扒光了红军战士的衣服，拿走了红军的钱财，准备放他们离开。不过让彝族人感到意外的是，这些红军战士居然完全没有抵抗，甚至没有表现出敌意，跟国民党所说的“共匪”完全不同。

萧华虽然忍住了攻击的念头，但他还是有些急躁。要是全队就这么光着身子回去，那也太丢人了，但他又听不懂彝族的语言，根本无法沟通。好在这时，部队中一个彝族出身的小伙子站了出来。他充当了萧华的翻译，开始和彝族人沟通。

不久之后，当地彝族首领小叶丹的四叔就赶来了，从他的口中，萧华总算对彝区的情况有了一些了解。

原来，彝区内部也一直矛盾重重。现在彝区一共有三个部落，大家都想成为老大，谁也不服谁。小叶丹正是其中一个部族的首领，他一直苦于没有办法巩固自己的地位。

·刘伯承和彝族沽鸡家首领小叶丹在这里歃血结盟。

当萧华听到这里时，他立刻反应过来——有戏！在谈判中，最糟糕的情况莫过于一方有求于另一方，另一方却得不到好处。现在，双方都有需求，那事情就好办了。

于是，萧华连忙向小叶丹的四叔讲解了红军的政策，展示了红军的作战能力和装备，传达了愿意帮助小叶丹的想法。小叶丹的四叔虽然对此半信半疑，但还是表示愿意传话。

一天后，小叶丹派了一名使者找到了红

军，表示愿意跟红军合作，还要跟刘伯承结为兄弟。刘伯承在彝家海子边，按照彝族的传统跟小叶丹互相下跪，一边喝下鸡血水酒，一边对天发誓："上有天，下有地，刘伯承与小叶丹结为兄弟，如有反复天诛地灭！"同时，刘伯承把十支步枪和一面写有"中国夷民红军沽鸡支队"的大旗赠送给小叶丹，并委任他为队长。

有了红军的支持，另外两个彝族部落都乖乖听从了小叶丹的领导，而小叶丹也专门派了几名彝族人给红军带路，帮助红军在短短7天内穿越了大凉山，为强渡大渡河争取了宝贵的时间。

红军走了，但是小叶丹的故事却才刚刚开始，他送走红军之后，创建了彝区的第一支红色武装力量。但是好景不长，小叶丹在几年后被国民党军队逮捕，并在释放途中被部落的叛徒伏击身亡。最终，彝族红色武装力量被国民党军队击溃，小叶丹的心血毁于一旦。

小叶丹死了，但是他的红色精神却没有消亡。当年刘伯承送他的旗帜，被他的妻儿藏了起来，直到彝区解放之后才交给了新生的中华人民共和国政府。这面旗帜如今被保存在中国人民革命军事博物馆中，向人们诉说着汉彝的深厚友谊。

敲黑板，画重点

1935 年 5 月上旬，中央红军沿会理至西昌大道继续北上，准备渡过大渡河进入川西北。蒋介石调兵遣将，企图凭借大渡河天险南攻北堵，围歼中央红军于大渡河以南地区。

强渡大渡河是红军的一次生死之战，能否渡过河去，是中国革命能否继续下去的关键。

红一团一营营长孙继先亲自挑选了 17 名勇士强渡大渡河，在被敌人视为插翅难飞的天险防线上打开一个缺口，为中央红军北上开辟了一条通道。

强渡大渡河

1935年5月9日，中央红军顺利渡过金沙江，继续北上。5月中旬，之前一直负责迷惑敌军的第九军团也独自渡过了乌江和金沙江，在靠近大渡河处与大部队顺利会合。

大渡河是一个非常特殊的地方，水流湍急，地形险要。当年太平天国的石达开就曾败退此处，最终因找不到渡河办法而全军覆没。蒋介石也注意到了这一点，他下令四川的国民党军队向大渡河沿岸增兵，叫嚣要让红军成为第二个石达开。

想要渡过大渡河，红军只有三个选择——上游的泸定桥、中游的安顺场、下游的富林渡口。富林渡口紧靠平原地带，国民党驻有重兵；中游的安顺场守卫薄弱，国民党军队一定会毁掉渡河的船只；上游的泸定桥可以让红军快速通过，但是国民党军队有可能会炸毁桥梁。

毛泽东等人一边赶路，一边商量对策，最终得出了一个结论：就算要拿下泸定桥，也必须先打下安顺场，然后沿大渡河两岸同时进军，夹击泸定桥的守军。

5 月 24 日夜晚，毛泽东率领一支部队向富林渡口发起佯攻，红一军团的先锋军则率先到达了安顺场南岸。面对不到 200 人的守军，孙继先率领一个营的战士，只用了短短 20 分钟就结束了战斗。他还惊喜地发现，这里的守军因为怕死，居然偷偷藏了一艘能容纳 40 人的大船！

仅靠这一艘船，当然不可能让数万红军过河，孙继先又带领战士来到河边，希望能架起一座木桥过河。但大渡河水流湍急，几个人合力也没法往河里插一根木桩！经过多次尝试，孙继先只得作罢。

第二天凌晨，刘伯承赶到了安顺场，此时国民党的追兵距离他们只有四五天的路程了。刘伯承略微思索了一番，便拍了拍孙继先的肩膀，语重心长地说道：“小孙，去挑选一些作战勇敢的同志，我们必须占领北岸。这关系到红军的生死存亡！”

“请总参谋长放心，一定完成任务！”

孙继先当然知道，这种强攻很可能有去无回，但是此时箭在弦上，不得不发。孙继先连夜找到了团长杨得志，最终挑选了最精锐的17名战士，并任命连长熊尚林为队长。孙继先给每个敢死队成员配备了一把冲锋枪、一把手枪、八枚手榴弹和一把大刀，这已经是红军中最精良的武器了。

清晨7点左右，红军赶制出了两条小船。17名战士在当地船工协助下乘船进入大渡河。空荡荡的河面上毫无遮蔽，仅仅过了几分钟，河对岸就传来了骚动声——国民党守军发现了异样！

眼看行动就要暴露，在岸上的杨得志立刻大吼一声：“保护船上的同志，开火！把子弹都给我射出去！”一时间，红军手上的轻重武器同时开火，闪耀的火舌编织成了一张巨网，将两条小船护在中间。没等对岸的国民党军队反应过来，就已经纷纷惨叫着倒在地上。

但是这样的压制并没有持续多久，敌人的射击变得越来越猛烈，小木船被打出了很多弹孔，有些战士甚至受了轻伤。

时间一分一秒地过去，正当熊尚林感到有些焦躁时，他身旁的船工开口了：“河水没有之前那么急了，我们快要上岸了。”听到这句话，他精神一振！透过船上的孔洞向前看去，他发现离敌军的碉堡已经不足100米了！

此时不战，更待何时？熊尚林毫不犹豫地对众人说道：“我数一、二、三，所有人跟我冲上去。准备好了吗？一……二……三！冲啊——”说着，他猛地跃出小船，带着战士们向国民党军阵地冲去。刹那间，17名战士踏上了大渡河北岸的土地，他们和碉堡之间没有任何掩护，稍有不慎就可能中弹身亡。

就在这千钧一发之际，在南岸指挥作战的杨得志下令了：“开炮！快开炮，压制住敌军！决不能让同志们就这么牺牲！”

神炮手赵章成却有些犹豫地说：“一共就3发炮弹，打完就没了。”没错，此时红军只有3枚迫击炮弹，还都是从敌军手里缴获的。

杨得志急了，大喊道：“让你打你就打！这里不打掉，以后就没机会打了！”

赵章成听罢，立即开炮！

第一发——炮弹击中了敌军阵地右侧的碉堡，战士们明显感觉到眼前的火力减弱了，他们奋不顾身地冲进了敌人的阵地。

第二发——炮弹击中敌军阵地左侧的碉堡，一些幸存的国民党士兵居然抛弃了碉堡，连滚带爬地向后方逃去。熊尚林自然没有放过这个绝佳机会，他握紧冲锋枪一阵扫射，将逃跑的国民党士兵全部送上西天。

看到敌军的碉堡已经瘫痪，赵章成射出了第三发炮弹。这一发炮弹射到了冲出阵地的国民党大兵中！这些虾兵蟹将哪里见识过这种场面，竟然不战自乱，四散逃亡，完全忘了自己已经暴露在红军的射程之内。

17 名勇士迅速占领了国民党阵地。战斗结束后，孙继先清点人数，居然发现除了有一两名战士受伤较重外，17 名壮士全部安在！

5 月 26 日，安顺场南岸的红军利用之前缴获的大船，将部分兵力转移到了北岸。到此为止，毛泽东的作战计划总算成功了一半。在这场战斗中，17 名勇士充分展示了红军勇往直前、不畏艰险的优良品质，他们的名字必将被历史铭记，他们的事迹将永远被人们传颂。

敲黑板，画重点

1935 年 5 月，红军在安顺场强渡大渡河后，国民党追兵紧追不舍，形势严峻。当急之下，毛泽东发出了夺取泸定桥的指令。

红四团二连担任突击队，22 位英雄拿着短枪，背着马刀，带着手榴弹，冒着敌人密集的枪弹，攀着铁链向对岸冲去。跟在他们后面的是三连，战士们除了武器，每人带一块木板，一边前进一边铺桥。

整个战斗仅用了 2 个小时，便奇绝惊险地飞夺了泸定桥。

飞夺泸定桥

1935 年 5 月 25 日，红军在四川省安顺场强渡大渡河后，要转移到大渡河对岸，以彻底甩掉国民党大军。然而，经过一天的搜索，红军只找到了四艘船。如仅凭这些船的话，红军至少需要一个月才能完成渡河计划，而国民党军队只需四五天就能追上他们。

毛泽东在分析了形势之后，决定先让部分战士渡河，赶在国民党增援军队到达之前拿下泸定桥。经过短暂休整后，5 月 27 日，红军朝着 160 千米外的泸定桥开始急行军。

5 月 28 日清晨，红一军团的先锋军——红四团突然接到密令：上级要求他们 29 日拿下泸定桥。红四团目前距离泸定桥还有 120 千米，这个要求简直难如登天！团长王开湘和杨成武商量一番之后，认为无论如何，都要拼这一次！

与此同时，蒋介石又接连发了几份电报，要求增派援军，还明确指出必须炸毁泸定桥。泸定桥是大渡河上唯一的通道，也是四川和西藏之间的咽喉要道。当地的军官犹豫了很久，最终下达了两道命令：一是要求增援泸定桥的军队加快行军速度；二是要求驻扎在泸定桥的守军拆掉桥上的木板，只留下 13 根索链。这样既能阻止红军渡河，又节约了修理泸定桥的成本。

千里奔袭的红四团当然不知道国民党的小心思，他们沿着山里的崎岖小路，一边躲避巡逻的敌军，一边以最快的速度朝着泸定桥前进。到了晚上 7 点左右，红四团已经到达了离泸定桥 50 千米左右的地方。此时天色已黑，又下起了倾盆大雨。奔走了一天的红四团又饿又累，加上道路泥泞，前进速度大大下降。

突然，走在队伍最前头的杨成武发现，就在大渡河对岸不远处，居然出现了大量的火光！“不好，这很可能是敌军的增援军队！”杨成武当即准备让全军熄灭火把，但此时对面的军队已经发现了他们，大声喊道："喂，对面的人！你们是哪个军队的？"

难道他们把我们当成自己人了？千钧一发之际，杨成武脑海中闪过一个绝妙的主意，他也扯起嗓子大声喊道："我们是碰到红军撤下来的！"

"红军现在在哪里？"

"不清楚，我们跑得快，早就把他们甩开了！"

杨成武说完之后，对面良久没有动静，这让他感到非常紧张。时间一分一秒地过去，就在杨成武以为敌军可能识破了自己的计谋的时候，对岸的士兵又喊了起来："雨天行军不便，我们旅长决定扎营了！"

听到这个消息，杨成武顿时欣喜如狂，他连忙大声回应："我们怕被红军追上，所以先走一步！"杨成武大手一挥，赶紧带着红四团继续赶路。既然国民党的增援军队还在这里，那泸定桥的守军一定不多！想到这里，杨成武命令道："国民党的增援军队已被我们甩在了身后！大家再加把劲，一定要夺下泸定桥！"

如此振奋人心的消息，将战士们的疲劳一扫而光，行军的速度再次提升。经过一天一夜的跋山涉水，29 号清晨，红四团终于赶到了泸定桥。

此时，侦察员报告，泸定桥的守军正在缓慢地拆除桥上的木板。杨成武一看，不禁倒吸一口冷气：泸定桥距水面有十多米高，红褐色的河水从上游倾泻而下，发出滔天巨响。桥上的 13 根铁索在狂风中不断摇晃，完全看不到立足点，只在靠近对岸的地方还留着 20 米左右的木板。

沉思片刻，杨成武立刻亲自挑选了以连长廖大珠为首的 22 人组成突击队，并要求全军隐蔽在离河岸不远处的密林中。杨成武叮嘱廖大珠：“等冲锋时，你们都伪装成国民党的残兵，千万不要惊动

· 泸定铁索桥。

敌人。一旦身份暴露，我们就火力压制。”

下午 4 点，红军休整完毕，廖大珠带着突击队成员走出丛林。他们刚要上桥，对面的守军就大喊起来：“什么人？站住别动！”

突击队中一名四川战士回答道：“我们是碰到红军撤下来的，快让我们过去！”

“报上你们的口令！”守军叫道。

口令？！廖大珠一看要坏事，立刻大声喊道：“兄弟们，为了党和人民，冲啊！”说完，便一马当先，向着对岸冲去。

杨成武见情况有变，立刻命令部队冲到岸边，开始向敌人扫射。一时间，枪炮声、叫喊声、浪涛声混在一起，仿佛是一首高昂的进行曲。

等到国民党守军反应过来时，突击队已经向前冲了几十米。守军龟缩在战壕里，慌张地按动扳机，子弹像无数只无头苍蝇一样，擦过突击队员的身体，掉进了大渡河中。

几分钟后，22 名勇士终于冲垮了敌人的防线，踏上了泸定桥的东岸。在他们身后，越来越多的战士冲上泸定桥，向着对岸冲去。仅仅 2 个小时，泸定桥上的国民党守军就被彻底歼灭了。

就在红四团攻打泸定桥的同时，位于大渡河西岸的红军大部队也马不停蹄地向前奔袭，他们一路击溃了几波敌人的援军，压制住了泸定城中的国民党军队，两路大军顺利会合。

占领泸定桥之后，红军浩浩荡荡地越过了大渡河，彻底粉碎了蒋介石想要在大渡河消灭红军的妄想。

从遵义到泸定桥，红军辗转贵州、云南、四川三地，把国民党军队耍得团团转，赢得了一场又一场战斗的胜利，创造了一个又一个奇迹。

敲黑板，画重点

为了有效避开国民党的围追堵截，减少战斗损失，以最短时间和红四方面军会师，获得最佳北上抗日路线，1935年6月，红军开始翻越雪山。

尽管雪山陡峭险峻，道路崎岖，气候严寒，但红军战士还是以一往无前的精神把它踩在了脚下！他们坚定的信念和顽强的革命意志在困境中大放异彩，成为造就长征精神的最佳注解。

过雪山

1935年6月，中央红军占领了泸定城，准备继续北上，和其他的红军会合。很快，他们就被一片连绵起伏的雪山挡住了。

雪山的东边有国民党军队，雪山的西边是藏民，对于红军来说，他们只有一条路，那就是直接翻越雪山。这条路距离最短，而且没有敌人，唯一的问题就是环境极其恶劣。

在当地人的指引下，红军开始储备过雪山的物资。军需处中，许多战士正在忙着清点物资，其中有一个矫健的身影不断地穿梭在人群中，一副忙碌的样子——那是一位参加红军没多久的小战士。

看着班长发给自己的物资清单，小战士有点犯难了。现在是夏天，战士们一直在南方行军，许多没用的御寒装备都扔掉了。这几天，他跟着班长向百姓们购买了生姜、辣椒、白酒等发热的食物，但是最重要的棉衣却少之又少。小战士疑惑地问班长："要是买不齐棉衣，我们该怎么办？"班长摸了摸小战士的头，笑着说："那我们也要过雪山，红军不会被这点困难吓倒的。"

6 月 12 日，中央红军开始翻越第一座雪山——夹金山。一大早，战士们就出发上山了。夹金山的底部是一片郁郁葱葱的原始森林，小战士被眼前的景色吸引住了，他有说有笑地走着，甚至想扔下沉重的行李，不过被班长喝止了。即使如此，他也没把雪山当回事。

下午，当小战士走出森林的那一刹那，无数的雪花从天而降，在狂风的裹挟下撞向他的脸颊。"好冷！好白！这是怎么回事？"小战士惊呼起来。刚才他还走在绿色的丛林中，现在所见之处竟只剩下了白茫茫的一片。

"所有人跟上！记住，在雪山里绝不可以擅自休息！"不远处班长的呼喊让小战士回过神来，他连忙跟上大部队。

一开始，小战士并没有觉得太艰难，虽然山上的确很冷，但自己毕竟年轻力壮，就算真的冷了，只要吃一把辣椒就可以热好一阵子。

“雪山也没什么可怕的！”他这么嘟囔着。

然而到了黄昏时分，气温骤然下降。小战士把能穿的衣服都穿上了，还是冷得不停地哆嗦。风雪刺得他睁不开眼睛，突然，他听到身边传来“砰”的一声，小战士回头一看，原来是一位老兵摔倒了。小战士连忙跑过去，一边扶还一边笑着说：“老同志，你也太不小心了。”

然而，小战士并没有听到老兵的回复，他发现老兵一动不动，天气这么冷，他的嘴里却没有吐出一丝热气。小战士愣住了，他一时间没明白怎么回事，直到班长跑过来，把他带回了队伍中，他才反应过来——啊，那位老兵已经牺牲了。

夜晚，小战士跟随部队，来到了空气稀薄的高海拔地区。小战士发现，自己似乎不会呼吸了。尽管他张开嘴巴，想要大口吸入空气，但是他的胸口却好像被棉絮塞满了一样，什么都吸不进去。

随着环境越来越恶劣，战士们的步伐也愈发沉重了。“大家注意周围！把棉衣分配给需要的人！”班长的声音很快被风雪掩盖了，但小战士却听得清清楚楚。他捏了捏拳头，心想：我也是一名战士，我要去帮助大家！小战士为冷得发抖的战士披上棉衣，为神志不清的战士灌下白酒，还主动巡视周围，生怕有一人掉队。渐渐地，他那沉重的行李变轻了。

突然，小战士发现，一个躺在担架上的伤员正在异常地颤抖。他连忙跑过去看望伤员，急切地问：“同志，同志！你没事吧？”

然而，回答他的只有伤员口中不断传出的："冷……冷……"

小战士已经没有多余的棉衣了，恐怕队伍里的其他人也没有了，怎么办？他环顾四周，突然低头看着自己身上的棉衣！正这么想着，老兵的脸突然浮现在小战士眼前。如果脱掉棉衣，自己会不会也变成那样？小战士犹豫了，他不想死。

不过，这份犹豫并没有持续多久，当小战士再次看到伤员那痛苦的表情时，他义无反顾地脱下了自己的棉衣，紧紧地裹在了伤员身上。

第二天一早，当班长清点人数时，他发现那个老是跟着自己的小战士不见了。他大声喊着："有谁见过一位小同志吗？"见周围的战士们都疑惑地摇了摇头，班长急得大叫，"快去找！那娃子岁数不大，应该很容易找到！"

不一会儿，小战士被发现了，他正缩在一个角落里，眼睛直盯着前方，浑身已经被白雪覆盖——他已经没有呼吸了。当班长走上前，掸掉小战士身上的积雪时，他才发现小战士竟然只穿着一件单薄的布衣。

"啊，我认识他，昨天我差点晕过去，就是这位小同志用白酒把我呛醒的！""我也是……""我也是……"一时间，周围的人纷纷开始诉说自己是怎样得到小战士帮助的。

一位躺在担架上的伤员也开口道："刚才我醒来的时候，发现身上多了一件棉衣，会不会是……"伤员话没说完，就沉痛地闭上了嘴巴。

班长听了大家的话，用颤抖的手合上了小战士的眼睛，含着热泪朝他敬了一个军礼，缓缓说道："小同志，你放心，我一定会继承你的遗志，帮助更多的同志！"

小战士永远地睡着了，但是红军仍然在不停地前进。三天后，中央红军终于走出了夹金山。在这个过程中，许多战士永远被埋葬在白雪之下。但毫无疑问的是，红军征服了雪山，这种不畏艰难的精神将永远流传下去。

敲黑板，画重点

1935 年 8 月 21 日，中央红军开始过草地。

草地位于青藏高原与四川盆地的过渡地带，遍地是水草、沼泽、泥潭。茫茫草地，荒无人烟，没有村寨，没有道路。在食物极度缺乏的恶劣环境下，泥泞、寒冷、饥饿，夺去了许多战士的生命，但红军官兵仍怀着共同的革命理想，他们同甘共苦，终于在死神的威胁下夺路而出。

过草地

1935 年 8 月，中央红军长征进入了草地。草地有多难走？红军中没人知道，但据当地人说，就算是一个常年走草地的人，也随时有可能消失在泥沼之中！

由于进入草地后，红军将会失去补给，所以每个战士都会分到一些备用的粮食。即使如此，红军在前进的过程中还是只能“有什么吃什么”。不管是路边的野草、动物的尸骨、还是自己的皮带，凡是能吃的都不放过。

在谢益先所在的部队中，每名战士分到了一袋两公斤重的麦子。和大家一样，谢益先把这袋麦子当成自己的命根子，还在袋子上绣了一个“谢”字，生怕不小心被别人误拿。但谢益先非常清楚，如果光靠这两公斤麦子，自己是不可能活着走出草地的。所以，他决定尽可能多找些野草充饥，只有在饿得实在不行时，才吃些麦子。

进入草地的第二天，谢益先在寻找野草时，突然隐隐约约听到了哭声。又有哪位战士牺牲了？谢益先心里一沉，但马上发现这哭声好像是从很远的地方传过来的。

有人遇难了！经排长允许后，谢益先顺着哭声找到了一位带着两个孩子的母亲。原来母子三人在草地迷路了，带着的干粮又吃完了，两个孩子依偎在母亲怀里，有气无力地哭闹：“我饿……饿……”

谢益先和随行的几个战士分别从自己的粮袋里拿出一些干麦子，凑在一起交给了那位母亲。

这些凑起来的干粮最多能使母子三人熬过今晚，至于能不能走出草地……谢益先不敢往下想了。他快步跟上队伍，但是两个孩子的哭声却一直萦绕在他耳边——那可是三条鲜活的生命啊！谢益先实在忍不住了，他快步返回到母子三人身边，从怀里摸出一个袋子，郑重地交到母亲手上，说：“这里有些粮食，足够你们三人吃上两天了，别在这里耽搁太久，赶紧走吧！”

那位母亲惊讶地抬起头来，张了张嘴巴，似乎想说些什么。谢益先轻轻地摇了摇头，微笑着说：“别担心，我还有别的粮食。”说完，便头也不回地离开了。

在接下来的日子里，排长发现谢益先似乎有些不对劲，平时他总会在休息时跟大家开玩笑，然而最近却总是见不着他的身影。排长发现谢益先的脸色越来越苍白，有时连走路都不太稳当。

“益先，你是不是不舒服？是不是干粮吃完了？”进入草地的第四天傍晚，排长终于忍不住询问起来。他明白，像谢益先这种身强体壮的年轻人，往往比老兵更不抗饿。

“没事，可能是吃了不太干净的野草，肚子不舒服。放心，干粮还多着呢。”谢益先虚弱地笑着说。听了这话，排长也没多想，便去照顾其他战士了。

第五天中午，前方传来消息——先锋部队已经走出草地了！排长惊喜万分，看来苦日子总算要熬到头了！想到这，他打趣地跟谢益先说：“这草地也没有藏民口中说得那么恐……”

排长的话还没说完，谢益先突然一头扎倒在了草地上！

“益先，你怎么了？”排长用力扶着谢益先，大声问道。

半晌，谢益先缓缓睁开了眼睛，他轻声呢喃道：“也不知道那两个孩子怎么样了……”他的眼睛看向前方，慢慢地停止了呼吸。

“益先！益先！”在这 5 天的艰难跋涉中，突然倒下的战士实在太多了！排长流着泪，默默地向谢益先行了个军礼，毅然站起身，继续向着前方行进……

第五天夜里，排长他们终于走出了暗藏杀机的草地。正当他准备回营帐休息时，一个通信员突然找到了他："这位同志，你的排里是不是有一位姓谢的同志？"

"是，但是他已经牺牲了……"

"有一位妇女来营地找他，说是有话要跟他说。"通信员说道。

没过多久，一位妇女来到了排长的营帐中，她疑惑地望了望四周，从怀里掏出了一个绣着"谢"字的袋子，问道："我想找谢同志，请问他在哪里？"

看到这个袋子，排长猛地上前一步，急促地问道："这个袋子怎么会在你的手里？"

"前几天我在草地里迷路了，是谢同志把这袋干粮给了我，我们娘仨才活着走出了草地。我想当面谢谢他。"

"原来是这样……"排长瞬间明白了真相，他踉跄着后退了几步，两行热泪夺眶而出，"你这哪是吃坏了肚子，你根本就……就……"

妇女看到排长这模样，心中一沉。当她得知谢益先把干粮给了她，自己却活活饿死在草地时，顿时跪在地上嚎啕大哭起来。

在红军过草地的过程中，除了谢益先这样舍己为人的战士外，还有很多战士也因为各种意外而丧命。有的人陷入沼泽中，被泥水吞没；有的人因为喝泥水而染上寄生虫，在痛苦中死去；有的吃了有毒的野菜，上吐下泻，虚脱致死；还有的被蚊虫袭击，患上了传染病，因得不到医治而病故。短短几天时间，红军没有遇到一场战斗，倒在草地上的战士却数以千计，是湘江战役以来损失最大的一次行动。

“革命理想高于天。”长征路上的苦难、曲折、死亡，检验了中国共产党人的理想信念。英勇的红军正是靠着坚不可摧的理想信念，战胜了空前的困难，用顽强意志征服了人类生存极限，创造了气吞山河的人间奇迹。

敲黑板，画重点

中共中央政治局于1935年6月26日在四川懋功以北的两河口举行会议。会议由张闻天主持，出席会议的有毛泽东、朱德、周恩来等16人。周恩来代表党中央和中央军委作关于目前战略方针问题的报告，着重阐明战略方针、行动方针和战略指挥三个问题，强调两个方面军要统一指挥，集中于中央军委。张闻天作会议总结。会议一致通过周恩来报告中提出的建立川陕甘根据地的战略方针，并责成张闻天起草一个中共中央政治局决定。6月28日，中共中央政治局作出《关于一、四方面军会合后战略方针的决定》。两河口会议确定了新的战略方针，为两个方面军共同北上，进一步扩大苏维埃运动指明了方向。

红军北上

1935年6月下旬，中央红军翻过雪山，终于在四川跟同样翻山越岭而来的红四方面军会师。当晚，战士们举办了大会餐，大家载歌载舞，欢庆会师，迎来了长征以来难得的休闲时光。

两支军队会师之后，总兵力达到了 11 万，这是中央红军鼎盛时期都没有达到的人数，许多人对此感到非常高兴，他们并不知道，一场大风暴即将到来。

四川西北部的荒地，并不适合作为根据地。“红军往哪里去”成了必须思考的问题。当时，中央红军的实际领导人为毛泽东，而红四方面军的领导人则是张国焘，如果两人的意见不同，那么红军就很难有统一的去向。

为了统一红军未来的战略，6 月 26 日，中共中央政治局在四川懋功以北的两河口举行会议。

会议一开始，周恩来首先阐述了自己的意见：“同志们，在红一、红四方面军会师之后，我们的战略方针产生了分歧。我觉得新的根据地应该要适合红军发展，综合考虑之后，党中央认为应该继续往北走，去川陕甘地区发展。那里背靠蒙古，和苏联很近，比较容易得到苏联的援助。”

“我不同意！”周恩来还没说完，张国焘就打断了他的话，“陕甘那种穷地方要怎么发展？依我看，我们应该往南边去。四川地大物博，而且靠近河西走廊，可以直通新疆。我们完全可以通过新疆和苏联取得联系嘛！更何况，甘肃还有国民党大将胡宗南的军队，我们打得过吗？”

“可是，四川的国民党军队也不是吃素的，我们一路从四川打过来，对他们的情况再清楚不过了。现在去四川，我们很可能被困在西康地区，那就变成了困兽之斗，容易被敌人瓮中捉鳖。”毛泽东反驳道。

眼看形势不利，张国焘只好咬咬牙，假装遵从少数服从多数的原则，同意了北上的战略。

6 月 28 日，中共中央政治局发布了《关于一、四方面军会合后战略方针的决定》，明确指出：“在一、四方面军会合后，我们的战略方针是集中主力向北进攻。”

确定方针之后，中央红军跟红四方面军进行了整合，分为左、右两路大军北上。不久，毛泽东率领右路军走过了地狱般的草地，而张国焘的左路军却迟迟不见动静。这样的情况让全军上下都感到不安，就连伙夫每天起床第一件事都是在问：“今天向南走还是向北走？”

由于张国焘一直无视北上的命令，毛泽东变得茶饭不思，他通过电报苦苦劝说，但始终没有成效。就在这时，事情发生了极端的变化。

9 月 9 日，张国焘电令右路军政治委员陈昌浩率部南下，“彻底开展党内斗争”。担任右路军参谋长的叶剑英看到电报后，立刻报告毛泽东。

毛泽东与周恩来、张闻天、博古、王稼祥紧急磋商，为了贯彻北上方针，并避免红军内部可能发生的冲突，决定连夜率红一、红三军和军委纵队先行北上。中共中央多次致电张国焘，要他立即率部北上，但张国焘置之不理。

眼睁睁看着毛泽东扬长而去，张国焘愤怒至极，开始在军中倒行逆施。这时，留在左路军中的朱德和刘伯承积极和红四方面军的将领们沟通，说明北上的用意和毛泽东的伟大战略，最终使张国焘众叛亲离，成了孤家寡人。

几个月后，红四方面军终于再次北上。至此，红军所有人心中都只剩下一个目标：为革命的伟大胜利而战！

敲黑板，画重点

1935 年 9 月 13 日，中国工农红军陕甘支队从甘肃省俄界地区出发，继续长征北上。16 日，先头部队红四团在前进中击溃国民党阻截，当日下午逼近甘肃省南部要隘腊子口。

腊子口素称“天险”，两侧是悬崖绝壁，中有沟壑水流湍急，河上小桥是通过腊子口的必经之路。国民党军队以 3 个团的兵力凭险扼守。9 月 16 日晚，腊子口战斗打响，红四团利用绳索攀登峡谷东侧的悬崖绝壁，迂回至敌人侧后制高点。17 日拂晓，红四团从正面和迂回部队同时发起攻击，一举取得了腊子口之战的胜利，为红军陕甘支队北上打开了通路。

突破天险腊子口

1935 年 9 月，中央红军跨过了荒无人烟的草地，继续向北挺进。在甘肃省俄界，中央红军的主力和军委纵队整合成了陕甘支队，成立了由毛泽东、周恩来、彭德怀、林彪、王稼祥组成的五人团，领导红军工作。

9月17日，陕甘支队来到了岷山脚下的腊子口，只要通过这里，他们就能进入甘肃了。因此，毛泽东果断下达了“两天之内拿下腊子口”的命令。

下午，红军的先锋部队开始突击。腊子口的周围都是崇山峻岭，想要穿过腊子口，就必须先通过山道上的一座木桥。然而，狡猾的国民党军队早就在那里搭建了炮楼，他们有恃无恐地躲在掩体后面扫射、扔手榴弹，一时间山道里火光四射。战士们虽然英勇无畏地发动冲锋，但是每次都被敌人的火力压了回去。

由于作战不顺，气氛非常凝重。毛泽东、周恩来正在商量下一步的作战计划，红四团团长王开湘突然冲了进来，气喘吁吁地说：“报告主席，有新情况！”

毛泽东正愁没有突破口，赶紧催促道：“开湘同志，快说。”

王开湘走到地图前，指着腊子口说：“我们团的侦察兵发现，敌人的炮楼都没有盖顶，而且他们把兵力都集中到了腊子口的正面，两边的山上都没有设防。我们团里有个叫云贵川的苗族小伙子，很擅长爬山，让他带战士绕到敌人头上，一定能把阵地击破！”

毛泽东听了这话，立刻大喜：“好啊，这一仗就交给你们红四团了！”

“是！”王开湘敬了一个军礼，转身离开了指挥部。他立刻赶回军中，安排了两路人马：王开湘亲自带着突击队员攀上峭壁突袭敌人，政委杨成武则带队在山口待命，随时准备夺取木桥。

9月17日深夜，天空像一块黑色的幕布一般，把群山和腊子口都遮在其中，只有山谷间奔涌的河水还在不断咆哮，昭示这个夜晚并不平静。

悬崖边，突击队员们正依靠着峭壁上横生出来的树枝，一步一步地向对岸移动。翻涌的河水打湿了战士们的裤子，峭壁上带刺的野花野草刺伤了他们的脸颊，但他们对此毫不在意。

没多久，战士们就绕到了河对岸的峭

·腊子口山口宽约30米，两边悬崖陡壁。敌人妄想凭借这一天险堵截红军北进，被红军一举突破。

壁前。苗族小伙子云贵川手持带着钩子的长绳，熟练地甩了几下，然后猛地向上一抛，只听“咔”的一声，钩子就稳稳地卡在了山顶。

趁着夜色浓重，云贵川悄无声息地顺着绳子向上爬，他仿佛会轻功一般，不一会儿就爬到了山顶。接着，云贵川把绑在身上的绳子往下一扔，突击队的战士立刻顺着绳子爬了上来。众人在山顶一路迂回，很快就来到了敌人阵地的上方。

此时，工事中的国民党士兵正在聊天，一个士兵笑着说：“这些共军傻不傻，竟然敢来打腊子口，这可是我们立功的好机会啊！”另一个士兵也哈哈大笑：“都说共军厉害，我看也不过如此！”

突然间，他们的头顶传来了“哔——”的一声，紧接着，红色的烟火在空中绽放，发出震耳欲聋的爆炸声。

“是信号弹！同志们，冲啊！”在山谷中待命的杨成武看到信号，立刻指挥战士们发动总攻。一时间，无数战士冲了出去，直奔木桥而去。

“敌袭！敌袭！”刚才还在说笑的两个国民党士兵立刻反应过来，一边呼喊着，一边冲向离自己最近的机枪。就在一个士兵刚刚握住机枪准备扫射的时候，一枚手榴弹从天而降，出现在他的眼前，瞬间绽放出了红色的光芒，把工事炸开了一个缺口！

“上面！上面有共军！”一旁的国民党士兵看到这一幕，吓得尖叫起来。然而在下一秒，无数的手榴弹如同冰雹一般落下，刹时在国民党的阵地中爆炸！

“同志们跟我冲，把阵地夺下来！”伴随着爆炸声，王开湘带着突击队员跳入阵地中，和敌人展开了肉搏。

一时间，国民党军乱作一团，他们再也顾不上红军了，一个个哭爹喊娘地朝着后方逃去。阵地中的红军跟冲上来的红军里应外合，一瞬间就夺下了木桥，成功占领了腊子口！

接下来的几天，陕甘支队全部通过了腊子口，并扫清了沿路的国民党残部，进一步扩大战果。

至此，长征路上遇到的艰难困苦都被红军征服了，他们向着胜利继续前行。

敲黑板，画重点

1935 年 9 月 21 日，红军开进了甘肃省宕昌县的一个毫不起眼的小镇——哈达铺。

在小镇的老街上有一座低矮的平房，推门而进，是一个有着十几平方米的小屋。这是当地的邮政代办所，里面堆放着一些全国各地的报纸。正是从这一堆废弃的报纸里，党中央发现了陕北有根据地和红军的消息，作出了将陕北作为长征落脚点的重大决策。

自此，中央红军一路北上，向陕甘大地挺进。

哈达铺的一张报纸

1935 年 9 月 18 日，中央红军先头部队突破了腊子口，提前来到了甘肃省的哈达铺镇。

这是一个商铺林立的小镇，疲劳的红军终于在长途跋涉之后得到了休整。中共中央政治局还打出了“大家要食得好”的口号，希望大家都能好好改善伙食。

战士们是开心了，但毛泽东却还是愁眉不展。他找到了周恩来，忧心忡忡地说："恩来，你说我们接下来该往哪里走？虽然我们的大目标是北上建立根据地，但真的到了这儿，我又琢磨不定了：红军到底该把'家'安在哪里呢？"

早在军队进入哈达铺镇之前，毛泽东就交代侦察连在镇上收集报纸和杂志，想从上面寻找一些有用的信息。

哈达铺镇上有一家邮局，侦察连连长梁兴初看到邮局里有不少报纸，连忙捆成一大包送到了毛泽东的住处。毛泽东招呼了几个人，连夜开始翻阅。

为了尽快找到线索，大家挑灯夜读，一连看了好几天。功夫不负有心人，这天，聂荣臻突然在一张《晋阳日报》上发现了一条新闻："陕北刘志丹'匪'部已占领六座县城，拥有正规军5万余人……"他立即派人将这份报纸送给毛泽东。

这条新闻的意思很简单——陕北的红军建立了根据地。毛泽东愣愣地盯了几秒，然后又猛地甩了甩脑袋，仿佛是要判断自己是不是在做梦。当他确认这是事实之后，便迅速抓起报纸，冲向了周恩来的房间。

毛泽东挥着手中的报纸，兴奋地说："恩来，快看！陕北有红军，还有根据地。我们离根据地不远了！"

周恩来仔细地看着报纸上的描述，连声喊道："好，好啊！就去陕北！”

第二天，为了了解根据地的具体情况，大家再次打起精神开始寻找线索。他们很快发现，陕北根据地的情况比自己想象中要好很多，陕北红军正在不断壮大，根据地也在不断发展。这些让国民党气急败坏的“剿匪”新闻，成了红军眼中天大的好消息。博古笑着说：“这就是山重水复疑无路，柳暗花明又一村啊！”

经过一番讨论之后，众人最终确定，中央红军将直接前往陕北根据地，和当地的红军会合。

9 月 22 日下午，毛泽东召开了干部会议，他动情地说：“感谢国民党报纸，为我们提供了陕北红军比较详细的消息。那里不但有刘志丹的红军，还有徐海东的红军，红二十五军已经到达那里了。我们要抗日，首先要到陕北去，那里就是我们的目的地，那里就是我们抗日的前进阵地。”

在哈达铺休整完毕后，中央红军立刻向着陕北根据地进发。哈达铺距离根据地有 700 多里路，一路上还有国民党的三重防线。但是毛泽东给部队下了命令，不可恋战，要迅速通过敌人的区域。

就这样，红军以每天 100 多里的速度急行军，迅速穿过了国民党防线。当地的国民党军队甚至不知道，红军竟在自己眼皮底下跑了好几天了！

1935 年 9 月 28 日，中央红军在榜罗镇再次召开会议，明确指出以陕北根据地作为红军长征的落脚点和中国革命的大本营。10 月

19日，中央红军终于进入了陕北根据地的边缘小镇——吴起镇。毛泽东亲自指挥了中央红军在长征中的最后一场战役，消灭了尾随他们的国民党第六师。

至此，中央红军的主力终于结束了长征，他们从瑞金出发，走了整整一年，绕过大半个中国，全程25000里。这是以毛泽东为代表的中共中央正确领导的结果，是中央红军战士们前赴后继、英勇奋战的结果。

敲黑板，画重点

袭占蒋介石精锐所部胡宗南的西北基地天水城，缴获大量武器和军需物资；击退尾追的甘肃省交通司令马锡武的骑兵；迫使国民党军从川西调围困中央红军的7个师回援，打乱了其阻截红一、红四方面军的部署……长征途中，徐海东率领红二十五军为中央红军多次做了策应，气得蒋介石大骂“徐海东不死，国无宁日”。

还有——

它是最先到达陕北的长征红军；它是唯一一支在长征途中创建了革命根据地的红军队伍；它就是毛主席评价“为中国革命立下了大功”的红二十五军！

“对中国革命有大功的人”

1935年10月，中央红军终于进入了陕北根据地。但实际上早在一个月之前，有一支部队就率先来到陕北，这支军队不仅为中央红军提供了许多帮助，还创下了长征史上的一个奇迹，被毛泽东赞叹为“为中国革命立下了大功”。这就是百折不挠的红二十五军。

红二十五军原本属于红四方面军，但是在红四方面军撤离鄂豫皖苏区时，红二十五军奉命留了下来。1934 年 11 月 16 日，红二十五军在军长程子华的带领下开始长征，准备去伏牛山建立新的根据地。

知道红二十五军准备转移的消息后，蒋介石十分震惊，他愤怒地要求：“必须在红二十五军走进伏牛山之前，把他们全部歼灭！”

11 月 26 日下午，红二十五军到达了独树镇，计划从这里进入伏牛山。然而就在几个小时前，国民党军队已经占领了独树镇附近的高地，由于当时风雪交加，能见度很低，战士们完全没有注意到危险已经临近。

红二十五军的第一梯队正在路上走着，突然远处传来一阵枪响，前排的战士还没反应过来就应声倒下了。“有埋伏！快，卧倒！”政委吴焕先马上反应过来，他大喊一声，准备反击。

然而，意想不到的事情发生了。吴焕先刚把手放到步枪上，就发现因为天气寒冷，自己的手早就冻僵了，此时竟然连拉开枪栓的力气都没有。吴焕先飞速扫视了四周一眼，发现其他战士也是相同的处境。敌人见没有反击，立刻疯狂地发起了冲锋，把第一梯队团团围住。

再这么下去，战士们恐怕……想到这里，吴焕先咬咬牙，猛地拔出大刀，大声喊道："同志们，冲啊！"说着，他便一跃而起，勇猛地冲向了敌人，同敌人展开了白刃战。战士们见政委如此英勇，也纷纷大叫着冲了上去。一时间，山谷里杀声震天，吓得敌人连枪都忘了开。

当战斗进行到一半时，副军长徐海东带着增援队伍赶来了，他们向敌人射击，终于把敌人压了下去，成功地占领了高地。之后，虽然国民党军队又发起了数次进攻，但都被红军打退了。

天黑后，徐海东判断此地不宜久留，便在当地老乡的带领下，悄悄绕道突围。经过这一战后，红二十五军彻底跳出了国民党军队的包围圈。

27日清晨，红二十五军神不知鬼不觉地进入了伏牛山。然而，他们到达伏牛山后才发现，这里土地贫瘠，生态条件很差，并不适合建立根据地。于是，全军继续向西挺进，并于12月进入陕西。

1935年2月19日，中共鄂豫陕省委召开了郧西会议，决定就地创建革命根据地，红二十五军成为这里唯一的战斗力。到了5月，红二十五军在经历了数次大大小小的战役，并连续两次粉碎国民党军队的"围剿"计划后，才终于建立了鄂豫陕革命根据地，这是红军长征途中创建的唯一一块根据地。

根据地建立后，红二十五军得到了休整，不断壮大，主力军队增加到了3700人。可是下一步该怎么办呢？徐海东发愁了，要是一直待在这里，只会不断遭到国民党军队的袭击。

一天，一名侦察员突然来到了徐海东的房间，他发现国民党军队有一些奇怪的动向。“你说什么？国民党主力都往西边去了？”徐海东有点纳闷，“这些军队不对付咱们，跑西边去干什么？”

他一边想着，一边拿起了早上刚从国民党军官那里缴获的《大公报》。然而他只看了一眼，就发现一条爆炸性的新闻——两大红军主力在毛儿盖会合，正向陕甘北上。“天啊！终于有其他红军的消息了！”徐海东连忙拿着报纸，兴奋地去找程子华。

徐海东和程子华一商量，决定立刻向西北进军，跟中央红军和红四方面军会合。然而令他们没想到的是，由于此时张国焘的捣乱，红二十五军始终无法联系上两大主力部队。

不久，徐海东得到了陕北根据地的消息。于是，与众人讨论后，徐海东决定立刻前往陕北根据地，跟当地的红军会合。

在前往陕北的过程中，红二十五军牵制和吸引了大量国民党军队，使很多国民党军官都发出了疑问：“怎么到处都有共军？我到底该往哪里打？”红二十五军无意间破坏了国民党军队围堵中央红军的计划，大大减轻了中央红军的压力。

1935 年 9 月，红二十五军突然加速前进，甩开了尾随自己的国民党军队。几天后，他们在保安县和陕北红军取得了联系，受到了当地居民的热烈欢迎。红二十五军也在这里得到了久违的休整。

9 月 15 日，红二十五军到达了延川县，成功和陕北红军会合，两军合编为红十五军团，徐海东任军团长。在10个月的长征中，红二十五军走了近万里路，在和中央失去联系的情况下独立行动，不仅创建了新的根据地，还不断壮大，成为第一支完成长征的部队。

中央红军到达陕北后，由于部队的物资十分匮乏，战士们的温饱都成了问题。无奈之下，毛泽东向徐海东写了一张借条，希望能借2500银圆救急。虽然此时红十五军团也并不富足，但徐海东收到借条后，立刻找来军中的供给部长查国祯，问道："咱们军团还剩多少钱？"

"还剩7000银圆。"

"好，那军中留下2000银圆，其余的全部交给中央。"

查国祯一愣，但他了解徐海东的为人，立刻安排部下将5000银圆送给了中央红军。

看到这么多银圆，就连毛泽东也有些惊讶。即使在多年之后，他还是一直把这件事记在心中，并称赞徐海东是"对中国革命有大功的人"。

敲黑板，画重点

1935 年 2 月，陕甘边革命根据地与陕北革命根据地统一成为陕甘革命根据地。陕甘革命根据地是土地革命战争后期全国“硕果仅存”的完整革命根据地，为党中央和各路红军长征提供了落脚点，为全民族抗日战争爆发后由红军改编的八路军主力奔赴抗日前线提供了出发点。

如果没有陕甘革命根据地，中国革命的重新兴起与发展就无从谈起。1944 年，在延安大学开学典礼上，毛泽东指出：中共中央有边区这个稳固的落脚点，对抗战对中国革命具有十分重大的意义。

“落脚点”与“出发点”

从 1928 年开始，红军高举土地革命的旗帜，坚持武装斗争，先后在全国各地建立了十多块革命根据地。然而好景不长，由于中央领导层过度依赖共产国际，出现了严重的“左”倾错误，再加上国民党军队开始对各个根据地展开“围剿”，大部分的根据地都遭到了破坏。

然而在这段时期里，位于陕西、甘肃附近的陕甘边革命根据地和陕北革命根据地却出现了不一样的风貌。在总指挥刘志丹的带领下，这里的红军坚决抵制“左”倾思想，保存了较完整的实力。尤其是在陕甘边革命根据地，这里原本环境较差，人民生活很贫苦。

·1936年，红军第一军和十五军团的部分领导干部在陕西淳华县。右起：邓小平、徐海东、陈光、聂荣臻、程子华、杨尚昆、罗瑞卿、王首道。

为此，陕甘边区苏维埃政府主席习仲勋花了极大的精力来建设根据地，他不仅发展教育，鼓励生产，还制定了严格的法令，规定一切党政军干部，只要贪污超过10元就立即枪毙。在习仲勋的带领下，根据地的经济蓬勃发展，军队因此有了充足的补给，作战能力大大提高。

1935年春天，国民党集结了4万军队，向这两块根据地发动了大规模的“围剿”。听到这个消息，刘志丹立刻召集众人，商讨作战计划。

见大家都忧心忡忡的样子，刘志丹笑了笑，鼓励道：“敌人集结大量兵力，必然导致周围的城防减弱，这不仅不是红军的危机，反而是发展根据地的好机会啊！”他一边说着，一边摊开了一张地图，“你们看，咱们陕甘边和陕北根据地虽然挨得很近，但中间几个县却一直在国民党的掌握中。只要我们能拿下这几个县，就能把两块根据地合并起来，变成一大块根据地！”

众人听了刘志丹的话，顿时眉飞色舞、喜笑颜开，他们热烈地鼓掌，对刘志丹的计划表示赞同。

几天后，红军在刘志丹的指挥下，开始对国民党军队展开反击。他们连战连捷，用红军最擅长的游击战术把敌人打得找不到北。到1935年6月，红军不仅击垮了国民党军队，还解放了安定、保安等县城，把陕甘边根据地和陕北根据地合并成陕甘根据地。

在红军各部长征的过程中，陕甘根据地的红军一次次击退来犯的国民党军队，成为长征期间唯一仅存的比较完整的根据地，为长征提供了落脚点。

1935 年 9 月，红二十五军长途跋涉，终于来到陕甘根据地，拉开了全国红军会师西北的序幕。10 月，中央红军也来到了这里。蒋介石对此十分震惊，立刻在根据地四周布下重兵，严防红军向外发展。

就在这时，红军内部对如何发展的问题产生了分歧。博古觉得红军应该在“巩固中求发展”，他说：“在之前建立井冈山和中央苏区的时候，红军一直实行‘波浪式推进’的方针，这是毛主席独创的，我们应该继续延续下去，慢慢扩大陕甘苏区。”

博古的想法得到了大多数人的认同，因为这是他们经过长期实践总结出来的经验。然而毛泽东却提出了截然相反的想法：“现在全国掀起了抗日热潮，我们应该放开手脚，大举东征，一口气扩大红军的势力。”

毛泽东的想法在军中掀起了轩然大波，红军虽然摆脱了“左”倾的束缚，但同时也变得十分 “冒进”。很多人都忍不住在私底下悄悄谈论：“毛泽东为什么要放弃自己原本的战略？这样做是不是太冒险了？”

为了统一思想，1935 年 12 月 17 日，中共中央在瓦窑堡召开政治局扩大会议，专门讨论新时期的军事战略。

针对众将领的疑问，毛泽东分析道：“同志们，我们现在已经到了民族危机最严重的关头。我们要团结起来，坚决打倒日本帝国主义。为此，我们必须扩大红军，应对将来的恶战。”

“可是，为什么要东征呢？西北边靠近苏联，不是更容易得到援助吗？”有人问道。

“这个问题问得好啊。”毛泽东笑着说，“陕甘苏区的北面靠近长城，那是一片荒漠；西边土地贫瘠，无法快速发展；南边虽然地大物博，但是离国民党的西北大本营太近了；只有东边不一样。”

“怎么个不一样？”

毛泽东回答道：“咱们往东就是山西，那是阎锡山的地盘，他的军队很少和红军作战，对我们来说比较好打。而且山西还是日本急于想要夺取的华北五省之一，一旦我们得到了山西，就能来到抗击日本的第一线。”

毛泽东的这番话使大家顿时恍然大悟，纷纷表示赞同。会议结束后，中共中央发布了《中共中央关于目前政治形势与党的任务的决议》，确定红军要建立抗日民族统一战线。

瓦窑堡会议表明党已经克服“左”倾冒险主义和关门主义，制定出抗日民族统一战线的新策略，使党在新的历史时期将要到来时掌握了政治上的主动权；表明党在继遵义会议着重解决军事路线和组织问题之后，开始努力解决政治路线问题；表明党在总结经验教训的基础上，正在从中国的实际情况出发，创造性地开展工作。

敲黑板，画重点

1936 年 10 月 9 日，红四方面军指挥部到达甘肃会宁，同红一方面军会合。22 日，红二方面军到达甘肃隆德将台堡（今属宁夏西吉），同红一方面军会合。至此，红二、红四方面军完成了长征。

中国工农红军长征的胜利，是中国革命转危为安的关键。毛泽东曾形象地指出："长征是历史纪录上的第一次，长征是宣言书，长征是宣传队，长征是播种机。"

万水千山只等闲

随着中央红军顺利到达陕甘根据地，仍在长征途中的已经只剩下红二、红四方面军。

1936 年 7 月，红二、红四方面军为了贯彻党中央"逼蒋抗日"的方针，决定同时北上，在陕甘根据地完成三大主力会师。察觉红军动向的蒋介石深知如果无法阻止会师，红军的实力必将大大增强，他气急败坏地火速调动军队，妄想阻止红二、红四方面军会师。

此时，红四方面军已经穿过草地，离陕甘根据地只有一步之遥。在朱德的带领下，战士们不知疲倦地向前迈进，快速突破国民党的封锁，并于10月进入了陕甘根据地。

10月9日，晴空万里、秋高气爽，会宁城中洋溢着喜悦的气氛。几天前，中央红军已经把这座城市装点得一片喜庆，不仅在街道两旁插满了红旗，还到处贴满了欢迎的标语。为了营造氛围，战士们甚至在城内搭起了一座光鲜亮丽的彩色门楼。

“来了，来了！大家快准备一下！”突然，一个侦察兵大声喊着跑进城来。原属于红四方面军的师长陈赓连忙整了整衣冠，站到队伍的最前面，伸长了脖子向城外眺望。

没多久，红四方面军的先头部队就进入城中，为首的正是红四方面军总指挥徐向前！一时间，锣鼓声、喇叭声、口号声响彻云霄，站在街道两旁的老百姓欢笑着一拥而上，欢迎远道而来的战士们。

陈赓快步走上前，热情地抱住了徐向前，忍着热泪说：“向前同志，你们辛苦了！欢迎你们！”

徐向前也激动地抱住了陈赓，连声说：“谢谢！谢谢！陈赓同志，真的是好久不见啊！”顿时，他脑海中浮现出了一路的艰难和辛酸，喜极而泣，一时间竟让这位久经沙场的老兵热泪盈眶。

过了一会儿，朱德带着红四方面军的主力进城了。朱德原本壮实的身板瘦得仿佛只剩下一副骨头架子，身上的衣服破烂不堪，唯有那深陷的双眼还是那样炯炯有神。陈赓鼻子一酸，热泪夺眶而出。他冲上前一把抱住了朱德，心痛道："老总，你辛苦了！"

朱德哈哈笑了起来，拍打着陈赓爽朗地说："不碍事，不碍事，我朱德好着呢。对了，主席好吗？恩来好吗？"

"都好！他们都盼着早点见到你呢！"陈赓笑着回答。

中央红军的战士把红四方面军的战士们带进了早已打扫好的房屋，并送上慰问品，红四方面军的战士们激动地感叹道："回家了！终于到家了！"

第二天一早，中央红军和红四方面军在会宁的广场上举办了会师大会，各位负责人发表了激情澎湃的讲话，把欢乐的气氛推向了高潮。

这时，红二方面军仍在国民党军队的包围中，毛泽东派出中央红军前去支援。在战士们的英勇厮杀下，最终红二方面军也冲破了敌人的围追堵截，于 10 月中旬和中央红军取得了联系。

10 月 22 日，红二方面军到达了将台堡，和中央红军胜利会师。当红二方面军的总指挥贺龙收到中央红军赠送的大量物资时，兴奋地说："这么多年了，我一直盼望见到中央红军，今天终于实现了！你们的生活也很艰苦，还给我们送来这么多东西，太感谢你们了！"

当晚，两军在这里举办了规模盛大的联欢会。

几天后，中共中央发布了《中央为庆祝一、二、四方面军大会合通电》，向所有战士致以热烈的慰问和祝贺，这也标志着红军三大主力会师顺利完成，历时两年的长征终于结束了！

长征的胜利，如同一本“宣言书”，向全世界宣告，红军是不可战胜的。

长征的胜利，如同一支“宣传队”，把革命理念传遍祖国大地。

长征的胜利，还是一台“播种机”，把革命的火种撒在了老百姓的心里，点燃起燎原之火。

长征圆满结束了，但中国革命却没有止步，以毛泽东为首的中国共产党将发愤图强，带领人民走向新的胜利！

编辑后记

经过多年的努力，图书《讲给孩子的百年党史故事——从石库门到天安门》的编辑工作终于完成，整理即将付印的清样，眼前突然闪现出此书编撰过程中的好多往事……

作为编辑，对于中国共产党成立100周年的大事件，绝不可能无动于衷，但如何编辑一套有特色的少儿读物，使孩子们通过阅读了解党史呢？为解决这个难题，我们做了一些调研，最终确定了图书的体例，即以生动活泼的故事形式，讲述中国共产党成立以来发生的重大事件和主要历程。

按革命历程中具有标志性意义的革命圣地，我们将此书分成六册，分别为：《开天辟地·石库门》《星火燎原·井冈山》《风展旌旗·瑞金》《伟大转折·遵义》《革命圣地·延安》和《决胜千里·西柏坡》。每册选用17－20个与红地标相关的革命故事。

体例确定后，我们列出了六册提纲，邀约作者撰写。为了保证史实的准确性和便于少儿阅读的生动形象性，我们事先写出样稿，并多次与作者交流沟通。

为了使读者打开此书时，对在中华人民共和国成立前的28年间，中国共产党的艰辛和不易有个直观的感知和了解，我们在开篇设计了一张跨页手绘地图，清晰地标注出中国共产党走过的每一个重要地点，使读者翻开书后第一眼就能强烈感觉到：从石库门到天安门，好远啊！而且走的不是直线，左拐右绕，曲曲弯弯，真的是路程遥远，荆棘载途！打开书本阅读故事，第二种感觉油然而生：中国共产党走过的每一步都是以鲜血、牺牲为代价的，正如国歌《义勇军进行曲》中的歌词一样，“把我们的血肉筑成我们新的长城”。牺牲、付出、艰辛、奋斗……贯穿了中国共产党整整100年的历史！

为了让孩子们在阅读了一个个故事后，对中国共产党的发展历程有一个较为完整的了解，我们在编辑过程中做了两方面的设计。

一是在各分册前面增设了“分序”，用以概括说明本册书中中国共产党的历史足迹。六本分册，六篇“分序”。将六本分册中的“分序”摆放在一起，即是一部最简括的中国共产党历史。

二是在每个故事前面特别设置了孩子们熟悉的老师“敲黑板、画重点”的提示方式，简单明了地说明故事发生的年代、背景和历史意义，将一个个貌似独立的故事串联起来，勾勒出中国革命发展的大致历程。

图书的最后专门设置了“红地标游览攻略”，便于孩子们在了解革命历史后，有机会亲历革命先烈走过的历程。

图书的内文体例离不开封面和插画的包装，精美靓丽的封面和画龙点睛的插画历来就是完美呈现内文的有效形式。对插画师而言，在建党百年之际为这么有意义的一套书籍绘制封面、插画，在创作上是充满激情与挑战的。经过多次沟通之后，我们确定以“红色地标建筑”为本套插画的切入点，为了使插画画面更具差异性，插画师决定采取一些带有想象力的画面去表现，而不是以一种写实的手法。比如《开天辟地·石库门》，“红船”在山水之间，驶向“石库门”，这里的“石库门”在天地之间，并非真实的场景，山水也不仅仅是上海，而是中国的山和水，“红船”向发光的“石库门”航行，代表着希望与正确的方向。又比如《风展旌旗·瑞金》，迎风招展的红旗中隐约映出的就是代表性建筑，人的比例也是放大的，这就好比电影中的蒙太奇手法，更好地突出了主题。

不久，图书《讲给孩子的百年党史故事——从石库门到天安门》就要上架了，无论是网上还是书店都能看到这套书。希望同学们阅读这套书，喜欢这套书。

附 红地标游览攻略

贵州遵义

最佳旅游时间

凉爽的贵州位于亚热带湿润季风气候区，夏天适合避暑，冬天非常湿润。每年 5—9 月是黄果树瀑布丰水期，是瀑布最壮观的时候，也是贵州最美的时节。

★ 行程中的暖心穿搭：贵州多雨雾，早晚温差大，夏天也要备件外套哟。

★ 开启行走模式：贵州被《孤独星球》评为 2020 年世界最佳旅行目的地之一，除了大小瀑布、层层梯田、山外青山外，在中国共产党领导的中国革命征程中，贵州还有一连串具有重要历史意义的标志性景点，走进遵义，深刻感受红军长征的历史。

★ 整个行程时间：4 天。

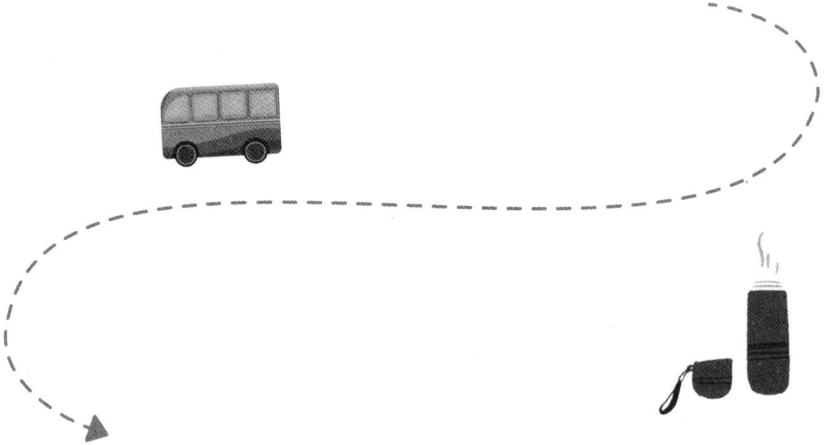

第一天行程

游逛贵阳市区

甲秀楼

到了贵阳，建议首访位于市中心南明河上的明代古建筑甲秀楼，它是贵阳市的市徽和标志。入夜后的甲秀楼灯火辉煌，成为历史文化与现代文明的聚焦点。

黔灵山—麒麟洞

黔灵山公园位于贵阳城区靠北，是一个大型的市民公园。园中的麒麟洞的“囚禁室”，曾在抗日战争期间先后囚禁过著名爱国将领张学良和杨虎城将军。这儿还保存过部分四库全书以及故宫文物，通过了解西安事变历史，激发家国情怀，培养社会责任感和担当精神。

第三天行程

贵阳—安顺黄果树瀑布—贵阳

黄果树大瀑布

同学们在语文课本上都读到过黄果树瀑布，不去黄果树瀑布就代表你没到过贵州。黄果树瀑布属喀斯特地貌中的侵蚀裂点型瀑布，以水势浩大著称，是全世界知名的大瀑布之一。这儿有一个“水帘洞”，你能从洞内看、听、摸瀑布，是不是想到了齐天大圣的花果山水帘洞了啊？

陡坡塘瀑布

这是黄果树瀑布群中瀑顶最宽的瀑布，是1986年版的《西游记》片尾曲里面的取景地，这儿还有一块九九八十一难碑“梦回西游”。

第三天行程

贵阳—息烽—遵义

息烽集中营革命历史纪念馆

位于贵阳到遵义之间，是抗战期间国民党关押共产党人和爱国进步人士的秘密监狱，包括杨虎城、马寅初等大家熟知的人物都曾被关押在此，宋振中（“小萝卜头”）也是从息烽集中营转到渣滓洞白公馆集中营的，最后被杀害。

遵义会议会址

遵义会议会址是一栋二层木结构、中西合璧的建筑，决定中国共产党命运生死攸关的遵义会议就在这儿召开。大门正中“遵义会议会址”六个字是毛泽东亲笔手书。整个建筑分主楼和跨院两部分。馆内再现了当时红军总司令部与一局（负责作战）办公室，还保留了当年彭德怀和杨尚昆的住室。会址附近还能看到邓小平、博古的住处旧址。从会址出来，穿过遮天蔽日的梧桐树荫，在红军街坐下来吃一碗凉粉，再尝尝红军的长征口粮苞谷粑。这条古色古香的街道沉淀了遵义的红色文化和民俗文化。

遵义会议纪念馆

这是贵州唯一的国家一级博物馆。纪念馆利用资料、实物、场景生动呈现了红军反“围剿”、遵义会议伟大转折、红军四渡赤水，最终取得长征胜利的历史进程。

遵义红军烈士陵园

又称红军山，坐落在凤凰山南麓的小龙山上，面临湘江，与当年红军曾经鏖战过的红花岗遥遥相望。陵园内安葬着 1935 年红军长征时在遵义牺牲的红军将士。

第四天行程

遵义—娄山关—遵义 或 娄山关—贵阳

娄山关

海拔 1576 米，位于遵义以北，两侧群峰伫立，地势险峻，是川黔交通道路上的重要关口。红军二渡赤水，在这个古来兵家必争之雄关打了长征以来的第一个大胜仗，并乘胜夺取了遵义。

位于山脚下的娄山关红军战斗遗址陈列馆，用战役沙盘、文物以及资料的形式再现了当年壮烈的战斗场景。

★ 舌尖上的味道：原生态的稻田酸汤鱼，红酸是用番茄发酵而来，冒着热气端上来，尝一口，酸爽得劲。丝娃娃就是春饼裹着十多种蔬菜丝浇上酸辣汁，一口塞进嘴里，满嘴清香。还有肠旺面、花溪牛肉粉、遵义羊肉粉……

★ 温馨提醒：黔灵山灵猴比较顽皮，要保管好自己的随身物品，不要太过靠近去挑逗，以免被猴子伤到。